PLAUEN

VOGTLAND

D1720494

Chemnitzer Verlag

Herausgegeben von Lutz Hergert

Autoren:
Kristina Hofmann (kh)
Birgit Schulze (bs)
Lutz Kirchner (lk)
Markus Schneider (kus)
Peter Degenkolb (pd)
Lutz Hergert (lh)

Inhalt

Willkommen in Plauen 5

Plauen in Zahlen 8

Ein Gang durch die Geschichte 9

Die Plauener Spitze 24

Menschen, die Spuren hinterließen 30

Wo Sie übernachten, essen und einkaufen
können 34
    Übernachten 34
    Gastronomie 38
    Nachtleben/Kultur 46
    Einkaufen 48

Ein Blick in Museen und Galerien 52

Stadtwanderungen 58
    Historische Bauwerke 58
    Kirchen 64
    Auf Kunstpfaden 70
    Stadtgrün 73

Stadtplan 78

Ausflugsziele in Plauens Umgebung 81

Impressum/Bildnachweis 96

Willkommen in Plauen

Sie haben heute Morgen die „Freie Presse" gelesen? Prima – denn dann hielten sie wie viele Leser in Deutschland, Australien, Argentinien, China, Südafrika, den USA – ja, auf der ganzen Welt – eine Zeitung in den Händen, die auf einer in Plauen gebauten Maschine gedruckt wurde. Doch auch wenn der Druckmaschinenbau bis heute eine große Rolle spielt, bekannt wurde und ist die Stadt an der Weißen Elster durch ein anderes Produkt: Seit 1881 trägt die Marke „Plauener Spitze" den Namen der Vogtlandmetropole in die Welt hinaus. Der Spitze und dem damit verbundenen Aufschwung verdankte Plauen den Status einer Großstadt. Doch die Blüte währte nur kurz. Es folgten Arbeitslosigkeit und zwei Kriege. Was nach all den Jahren geblieben ist? Die Plauener und ihre Spitze.

Allerdings gehen die Plauener auf die Barrikaden, wenn man sie auf Druckmaschinenbauer und Sticker festlegt, die in einer beliebigen Stadt irgendwo im Vogtland leben. Plauen ist mehr, als man auf 100 Seiten beschreiben kann. Da hilft nur: Hinfahren und Anschauen.

Doch zurück zu den Barrikaden. Zum Glück wurden die am 7. Oktober 1989 nicht gebaut, als in der Stadt tausende Menschen zur ersten Großdemonstration der DDR auf die Straßen gingen. Seit jenen Wendetagen hat sich das traditionsreiche Plauen stark gewandelt. Heute präsentiert es sich mehr und mehr als moderne Stadt, die sich in Kunst und Kultur etabliert hat. Galerien, die Straße der Skulpturen, Museen, das Vogtland-Theater sowie die Vergabe des einzigen Europäischen Folkförderpreises sind beredte Beispiele.

Und die Plauener zeigen, dass die Vogtländer trotz ihrer von Außenstehenden oft als ein wenig eigenwillig beschriebenen Art mehr sind als ein zänkisches Bergvolk am Rande Sachsens. Denn Gastfreundschaft genießt einen hohen Stellenwert. Hotels, Pensionen, Restaurants laden zum Ausspannen ein. Fußgängerzonen locken mit attraktiven Angeboten. Durch Neubauten bekommt die City seit 1990 nun auch an den Stellen wieder ein Gesicht, die nach der massiven Zerstörung im Zweiten Weltkrieg lange Zeit brach lagen. Erfolgreich behandelt werden die Narben der Luftangriffe jedoch schon seit vielen Jahren. Damals diente das Errichten vor allem der Neubaugebiete viel mehr als nur einem kosmetischen Zweck: Es galt, schnell Wohnraum zu schaffen.

Doch trotz allem Neuen, Plauen ist reich an historischen Sehenswürdigkeiten. Neben auffälligen Bauwerken wie dem Alten Rathaus, Johanniskirche und Friedensbrücke sind es gerade kleine, versteckte Eigentümlichkeiten, denen die Stadt ihr Flair verdankt. Dazu zählen die vielen restaurierten Häuser mit typischer Gründerzeit- und Jugendstil-Architektur. Dazu gehören auch die zahlreichen Skulpturen, die manche Straße und manches Haus beleben. Das Bild Plauens wird abgerundet durch die vielen Parks und Grünanlagen im Herzen und am Rande der Stadt. In dem Zusammenhang spielt die Stadt einen weiteren Trumpf aus: Man mag es bei einem ersten Rundgang als anstrengend empfinden, dass Plauen zwischen Berg und Tal liegt – doch ist es gerade diese Lage, die der Stadt etwas Unverwechselbares verleiht. Wir möchten Sie, liebe Gäste zu einem Spaziergang durch Plauens Geschichte und Gegenwart, durch Läden, Museen und Restaurants einladen. Als Stadtführer konnten wir zwei prominente Bürger gewinnen: Erich Ohsers, bekannt als e. o. plauen, „Vater und Sohn". Diese beiden liebenswerten Figuren werden Sie bei Ihrem Besuch an die Hand nehmen. Vater und Sohn haben sich für Sie in Sammlungen, Museen und Archive vergraben, um Wissenswertes zu finden.

Unser Büchlein erhebt keinen Anspruch auf Vollständigkeit. Dennoch glauben wir, dass mit der dankenswerten Hilfe vieler Plauenerinnen und Plauener ein informativer und unterhaltsamer Reiseführer entstanden ist, der Ihnen die Stadt von ihrer besten Seite vorstellt. Allerdings kann Ihnen dieser Stadtführer nur Anregungen geben. „Ihr" Plauen müssen sie selbst entdecken.

Viel Spaß dabei und herzlich willkommen.

Lutz Hergert

Johanniskirche und alte Elsterbrücke

Die neue Stadtgalerie im Herzen Plauens

6

Plauen in Zahlen

Einwohnerzahl: 71.400 (2002)
Geographische Lage: Mittlere Höhe
der Stadt: 412 m über NN
Elstersohle (330 m)
Höchste Berge: Kemmler (508 m),
Kulm (525 m)
Wichtige Telefonnummern:
Vorwahl: 03741
Tourist-Information: 03741/1 94 33
Tourismusverband
Vogtland: 03744/18 88 60
Rettungsleitstelle: 03741/1 92 22
Vogtland Klinikum: 03741/490
Stadtverwaltung: 03741/29 10
Fundbüro: 03741/29 11 09
Aktuelle Informationen:
Internet: www.plauen.de;
www.vogtlandkreis.de
Autobahnen:
Anfahrt aus dem Süden (Tschechi-
en, München, Frankfurt):
A 9 Richtung Norden, am Dreieck
Bayerisches Vogtland auf die
A 72 bis Plauen Süd, dann B 92;
A 93 Richtung Norden, am Dreieck
Hochfranken auf die A 72 bis Plau-
en Süd, dann B 92
Anfahrt aus dem Norden (Berlin,
Leipzig): über Hermsdorfer Kreuz
die A 9 bis Abfahrt Schleiz, dann
die B 282 nach Plauen;
Anfahrt aus dem Osten (Dresden,
Chemnitz): die A 14 und ab Chem-
nitz A 72 bis Plauen Ost, dann B 173
Taxi:
Taxi-Genossenschaft: 03741/22 11 33,
Preise: 1,10 Euro + 1,80 Euro Grundgeb.

Bahn/Bus: Tourismus- und Ver-
kehrszentrale: 03744/1 94 49
Plauen ist Eisenbahnknotenpunkt
der Hauptlinien München-Leipzig,
Stuttgart-Dresden-Görlitz und
Leipzig/Gera-Tschechien
Straßenbahn:
Einzelfahrt Erwachsene/Kinder:
0,90/0,70 Cent
Flughäfen:
Hof (35 km), Nürnberg (170 km),
Leipzig (100 km), Dresden (140 km)
Autovermietung:
ADAC: 03741/52 28 38;
Avis: 03741/43 25 91;
National Car Rental: 03741/22 12 21;
Europcar: 03741/52 44 44
Parken:
Parkhäuser: Straßberger Tor,
Die Kolonnaden, Am Theater,
ECE Stadtgalerie
Parkplätze: Stresemannstraße,
Marktstraße, Neustadtplatz
Partnerstädte:
Steyr (Österreich),
As/Asch (Tschechien),
Lens (Frankreich),
Siegen (Nordrhein Westfalen),
Hof (Bayern)
Namenspate:
Am 21. Oktober 1993 wurde in
Frankfurt am Main ein Passagier-
flugzeug vom Typ Boeing 737/300
auf den Namen Plauen getauft

Ein Gang durch die Geschichte

Plauen – Stadt der Vögte

„An der Elster schönen Strand in dem sächsischen Vogtland zwischen Berg' und Waldeshöh'n liegt mein Plau'n so wunderschön", heißt es in einem beliebten Lied. 1122 werden Plauen und die Weiße Elster erstmals in einer Urkunde erwähnt. Albert Graf von Eberstein ließ durch Dietrich Bischof von Naumburg in Plauen eine Kirche gründen – die Johanniskirche. Die Anwohner im Dobnagau, so stand es geschrieben, sollten vom irrigen Heidentum abgebracht werden. Zur Kirche gehörten eine Mühle sowie umfangreiche Waldgebiete, die durch die Weiße Elster und andere Flüsse und Bäche begrenzt wurden. Mehr ist über die Frühzeit der Siedlung am Flößplatz oder der Holzschwemme, so die altsorbische Bedeutung für den Ortsnamen „plav", Plauen, nicht bekannt. Das änderte sich nach 1200, als die Vögte von Weida, Gera und Plauen, die für das Vogtland namensgebend waren, in und um Plauen zunehmend ihren Einfluss geltend machten. 1224 war bereits der Deutsche Ritterorden ansässig, unter dessen Federführung später das heute nur noch als Ruine erhaltene Komturgebäude unterhalb der Johanniskirche entstand. 1244 stellte erstmals ein Vogt von Plauen eine Urkunde aus. Zielstrebig wurde unter Heinrich I., Vogt von Plauen, die Stadt ausgebaut. Wichtige Bauwerke, die teilweise noch heute das Stadtbild prägen, entstanden: 1236 wird die Badestube vor der Pforte genannt. Dort durfte jeden Sonnabend umsonst gebadet werden. Zwischen 1224 und 1244 wurde die Stadtmauer erbaut, zwischen 1244 und 1263 entstand die Neustadt. Der Bau der Burg der Vögte auf dem heutigen Amts- oder Schlossberg war 1263 abgeschlossen. Weiterhin gab es ein Hospital, Mühlen und den Mühlgraben. Über die Weiße Elster führte bereits vor 1244 eine Steinbrücke – ein bautechnisches Meisterwerk, das noch heute Bestand hat. Damit war die Anbindung an die nach Altenburg, Zwickau, Asch, Eger und Nürnberg führenden Straßen gewährleistet. Abgerundet wurde das typisch mittelalterliche Stadtbild durch ein Hospital, eine Schule und die vögtische Münzstätte. Die Stadt

war zu einem Herrschaftsmittelpunkt der Vögte von Weida, Gera und Plauen geworden, in der sich Händler und Handwerker angesiedelt hatten. Die Bürgerschaft der Stadt brachte ihr wachsendes Selbstbewusstsein durch ein eigenes Stadtsiegel, das erstmals 1329 überliefert ist, zum Ausdruck. Im gleichen Jahr ist auch von den geschworenen Bürgern und dem Bürgermeister die Rede, die sich im Vorgängerbau des heutigen Rathauses am Marktplatz zusammen fanden. Der Bürger Canis stiftete sogar eigenen Besitz für die Gründung des Dominikanerklosters, das zwischen 1273 und 1285 im Bereich des heutigen Klostermarkts entstand.

Krieg und Frieden – Spuren der Geschichte

Die folgenden Jahrhunderte waren von politischen Veränderungen, Aufruhr, Krieg und Plünderungen gekennzeichnet. Nach der Niederlage der Vögte von Weida, Gera und Plauen in den Vogtländischen Kriegen 1354 und 1358 gelangten das Vogtland und die Stadt Plauen unter die Hoheit Kaiser Karls IV., später in den Herrschaftsbereich der Wettiner, der Markgrafen von Meißen und Kurfürsten von Sachsen. Innerhalb des Ämtersystems wurde Plauen neben Pausa und Voigtsberg (Oelsnitz) Verwaltungsmittelpunkt einer Amthauptmannschaft im kurfürstlichen Sachsen. Die Stadt veränderte ihr Aussehen. Stadtbrände, Kriegsschäden aber auch der einsetzende wirtschaftliche Aufschwung vor allem im Tuchmachergewerbe hinterließen Spuren und führten zu Um- und Neubauten. Im Januar 1430 endete die Belagerung durch die hussitischen Truppen unter Heerführer Prokop mit der Eroberung und Brandschatzung des Schlosses und der Plünderung der Altstadt. Dabei kamen über 700 Menschen ums Leben. Stürmisch ging es

während der Reformation zu: 1525 besetzten die Plauener Bürger das Dominikanerkloster und vertrieben die Mönche. Die Gebäude wurden zu Wohnungen umgebaut oder verkauft. Der mit Martin Luther in Briefkontakt stehende ehemalige Mönch Georg Raute wurde der erste evangelische Stadtprediger. Während des Bauernkrieges befand sich die Stadt in Alarm- und Verteidigungsbereitschaft. Der radikale Prediger Bartholomäus Kraus rief zum Aufruhr auf. Die an der Possig, vor den Mauern der Stadt, lagernden Bauern konnten jedoch durch Verhandlungen mit dem Plauener Bürgermeister Hübler zum friedlichen Auseinandergehen bewogen werden. Im Juli hielt Kurfürst Johann in der Johanniskirche Gericht über die Aufständischen. Ganze Dörfer, aber auch vogtländische Adlige wurden mit Geldstrafen belegt. Verheerend war der große Brand im Jahre 1548: Er legte die Stadt, das 1508 umgebaute Rathaus, die Johanniskirche, das Schloss sowie die Pfarr- und Schulgebäude in Schutt und Asche. Ob die Unachtsamkeit eines alkoholisierten Bäckers oder der Büchsenschuss eines betrunkenen Tuchmachers zur Brandkatastrophe führte, wie die Chronisten berichten, bleibt unklärt. Das Rathaus war bereits 1550 wieder errichtet – nun mit dem wunderschönen Renaissancegiebel und einer neuen Kunstuhr, die bis heute die Stunde auf dem Marktplatz schlägt. Glücklicherweise konnte die Stadt Eger, die vom Rat der Stadt Plauen nach dem Brand angeforderte alte Egerer Stadtuhr aus technischen Gründen nicht schicken. Deshalb wurde der Hofer Uhrmachermeister Georg Pukaw mit dem Bau der Kunstuhr beauftragt. 1556 waren auch die Baumaßnahmen an der Johanniskirche abgeschlossen. Der alte Friedhof vor der Kirche war dabei vor die Stadt verlegt worden.

Stadtplan von 1598

Dieser schnelle Wiederaufbau sprach auch für die wirtschaftliche Stärke der Stadt, die vor allem durch die Tuchmacherei geprägt war. Bereits 1527 wurde den Plauener Tuchmachern durch Johann Herzog von Sachsen eine Zunftordnung erteilt. Die Stadtansichten des 16. Jahrhunderts zeigen weithin sichtbar die zum Trocknen gespannten Tuche an der Rähme zwischen Mühlgraben und Stadtmauer. Noch schlimmer als im Schmalkaldischen Krieg (1546–1547) traf es die zur Kreisstadt des Vogtländischen Kreises gewordene Stadt während des Dreißigjährigen Krieges. Die Verstärkung der Stadtmauer nutzte den Bürgern Plauens wenig. Im August 1632 eroberten kaiserliche Truppen unter General Holck die Stadt und plünderten sie aus. Von nun an berichten die Chronisten vom Durchzug schwedischer, bayerischer, kroatischer und kaiserlicher Truppen. Als am 12. Oktober 1632 Wallenstein in Plauen Station machte, kam es zu erneuten Plünderungen, obwohl die Bürger dem Feldmarschall und seinen Offizieren 596 Taler gezahlt und ein Fass Bier auf die Reise mitgegeben hatten. Die Folgen des Krieges, der durch den Westfälischen Frieden 1648 beendet wurde, waren katastrophal: Pest, Zerstörung, Hungersnot. Da immer noch Söldner und Wegelagerer das Land unsicher machten, konnte die Stadt das Friedensfest erst 1650, zwei Jahre nach Kriegsende, feiern. Diese Zeiten prägten auch einen der prominentesten Plauener Bürger: Georg Samuel Dörffel (1643–1688). Der Theologe und Astronom, der bis 1684 in Plauen lebte, zählte zu den bedeutendsten deutschen Wissenschaftlern des 17. Jahrhunderts.

Zwischen Webstuhl und Stickmaschine – Eine Stadt wandelt sich

Die Folgen des 30-jährigen Krieges überwand die Stadt relativ schnell. Neben dem Tuchmachergewerbe entwickelte sich seit 1701 mit der ersten Musseline-Manufaktur die Baumwollverarbeitung, vor allem die Weberei, die Spinnerei und später die Feinwirkerei. Das mittelalterliche Gesicht Plauens veränderte sich. In rascher Abfolge entstanden am Mühlgraben größere Fabrikationsgebäude, so 1755 die erste Kattundruckerei und zwischen 1777 und 1778 das spätbarocke Weisbachsche Haus, das als Wohn- und Fabrikationsgebäude errichtet wurde. 1786 wurden Teile der Stadtmauer vom Nonnenturm bis zum Straßberger Tor abgerissen. In

11

Das Café Trömel am Tunnel

der Jüdengasse, der heutigen Nobelstraße, errichteten reiche Baumwollhändler ihre prächtigen Wohn- und Geschäftshäuser. Vor der Stadt war bereits zwischen 1693 und 1722 die Gottesacker- oder Bartholmäuskirche, die heutige Lutherkirche, im barocken Stil entstanden.

Goldene Jahre brechen an

Der Plauener Wollwarenhändler Ernst Wilhelm Conrad Gössel unterhielt sogar das erste bürgerliche Theater der Stadt, das in einer ehemaligen Fabrikhalle am Mühlgraben untergebracht war. 1789 wurde die erste Zeitung in der Vogtlandstadt herausgegeben. Als Johann Wolfgang von Goethe 1795 in Plauen weilte, äußerte er sich über die Stadt an der Elster anerkennend als einen nahrhaften Ort mit schönen Musselinefabriken. Die so genannten Goldenen Jahre waren angebrochen. Sie währten nicht lange. Die Einstellung des ersten städtischen Polizeibeamten, eines Bettelvogtes, im Jahr 1801 kündete bereits vom Ende der Goldenen Zeiten. Der Konkurrenzdruck der englischen Textilindustrie war zu groß geworden. Die Kontinentalsperre unter dem Kaiser der

Franzosen, Napoleon, der die Stadt im Mai 1812 besuchte, tat ihr Übriges und verhinderte den Absatz auf den wichtigen Märkten der Welt.

Die größten Folgen für die weitere Entwicklung der Stadt hatte die Einführung der Weiss-Stickerei durch Carl Gottlob Krause im Jahr 1810. Der Grundstein zur Spitzenherstellung war damit gelegt. Aber auch politische Änderungen gingen an der Stadt nicht spurlos vorbei. Der Plauener Gerichtsdirektor Karl Herrmann Alexander Braun stand an der Spitze des liberalen Ministeriums, das im Königreich Sachsen die entscheidenden Schritte zur Umgestaltung der alten Verhältnisse einleitete. Die Plauener Kommunalgarde stellte sich 1849 auf die Seite der Aufständischen des Maiaufstandes. Unter ihnen war der Plauener Rechtsanwalt und Gerichtsdirektor von Mühltroff Otto Leonhard Heubner. Er wurde Mitglied der revolutionären provisorischen Regierung in Dresden. Diese bewegten Jahre brachten jedoch noch weitere Veränderungen: 1848 wurde die Zugstrecke Plauen–Hof eingeweiht. Mit der Fertigstellung der Elstertal- und Göltzschtalbrücke 1851 bestand nun eine durchgehende Verbindung nach Leipzig und Dresden. 1875 begann der Ausbau der ins Thüringische führenden Unteren Bahn. Die ersten Stickmaschinen und mechanischen Webstühle zwischen 1857 und 1863 läuteten die industrielle Produktion der Plauener Spitze ein und führten zur Ansiedlung weiterer Industriezweige wie zum Beispiel dem Maschinenbau mit der 1881 gegründeten Vogtländischen Maschinen AG (VOMAG). Plauener Spitze war von nun an auf allen Messen und Märkten der Welt ein Begriff. Die USA unterhielten wegen der großen Nachfrage nach Spitzenprodukten in der Stadt seit 1887 ein Konsulat. Steigende Einwohnerzahlen, die Errichtung von Mietshäusern und Fabriken prägten nun die städtische Entwicklung. 1899 wurde mit Haselbrunn das erste Dorf eingemeindet. Das neue Stadtzentrum entstand – nach der Überbrückung der Syra 1845/46 und der Errichtung des Oberen Bahnhofs 1848 zwischen Nonnenturm und Bahnhofstraße, auf der 1894 die erste elektrische Straßenbahn fuhr. Komplettiert wurde das neue Stadtbild durch die Königliche Indus-

trieschule (seit 1887), das Lehrerseminar (seit 1844/45), in dem auch Karl May lernte, das Theater (1898), in dem später die Tänzerin Gret Palucca und Richard Strauß gastierten. Im neuen Stadtzentrum öffnete 1880 das bis über die Grenzen Sachsens hinaus bekannte Café Trömel am Tunnel. Es war nach dem Umbau zwischen 1903 und 1904 wohl das größten Café Mitteldeutschlands. Der sächsische König Friedrich August eröffnete im Jahr 1905 eine weitere Attraktion: die mit einer Spannweite von 90 Metern bis dahin größte Steinbogenbrücke der Welt, die Friedrich-August-, heutige Friedensbrücke.

Die Großstadt –
Glanz und dunkle Jahre

1904 war Plauen mit über 100.000 Einwohnern zur Großstadt geworden. Der Industrialisierungsprozess schritt weiter voran, in dessen Folge auch die Stadtverwaltung erweitert werden musste. So entstand zwischen 1912 und 1922 das Neue Rathaus mit dem weithin sichtbaren 64 Meter hohen Rathausturm.
Doch bereits vor dem Ersten Weltkrieg, in dem 3004 Plauener starben,

Neues Rathaus vor der Zerstörung

Neubaugebiet Chrieschwitzer Hang mit 6000 Wohnungen

kam es zu Umsatzeinbrüchen. Die launische Mode sowie fehlende Rohstoffe und ein kaum zugänglicher Weltmarkt während des Krieges waren die Ursachen. Die Wirren der Revolution von 1918 gingen nicht spurlos vorüber: Ein Arbeiter- und Soldatenrat agierte; Max Hölz, der Radikalrevolutionär aus Falkenstein, stürmte das Plauener Gefängnis und befreite Gefangene. Tote und Verletzte gab es bei einer Demonstration vor dem Kapp-Putsch, als das Militär auf die Demonstranten schoss. Die 1929 einsetzende Weltwirtschaftskrise führte zum weiteren Niedergang. 1933 gab es in der Stadt über 27.000 Arbeitslose, das war die Hälfte aller Beschäftigten. Doch die Zeiten sollten noch schwerer werden: 1922 gründete sich der Ortsverband der NSDAP. Immer wieder kam es zu Auseinandersetzungen zwischen den Mitgliedern der KPD und der NSDAP, der es allerdings im Februar 1933 noch nicht gelang, Adolf Hitler, der seit 1925 mehrmals in Plauen sprach, zum Ehrenbürger der Stadt zu ernennen. In den Wahlen vom März 1933 erhielt die NSDAP 60,7 Prozent der Stimmen aller Wahlberechtigten. Deutschland bereitete sich auf den Krieg vor. Der Rückgang der Arbeitslosigkeit, neue Industriezweige wie die Zellwollproduktion in der Elsteraue und die Produktion von Rüstungsgütern waren die Folge. Die Fackel der Zerstörung loderte jedoch bereits vor dem Kriegsbeginn und den ersten englischen und amerikanischen Luftangriffen: In der Nacht vom 9. zum 10. November, der „Reichskristallnacht", brannte die 1930 im Bauhausstil fertiggestellte Synagoge der viertgrößten jüdischen Lebens- und Religionsgemeinschaft in Sachsen. Die Feuerwehr sah tatenlos zu.

Der schwere Neuanfang

Am 16. April 1945 fanden die amerikanischen Truppen bei ihrem Einmarsch eine einzige Trümmerwüste vor. Zwischen 1944 und 1945 war die Stadt durch insgesamt 14 Luftangriffe zerstört worden. 2343 Menschen hatten dabei ihr Leben verloren, die Stadt lag zu 75 Prozent in Trümmern. Der Neuanfang begann mühsam und erfolgte ab Juli 1945 unter sowjetischem Einfluss. Er verlief ähnlich, wie in der gesamten sowjetischen Besatzungszone: Gründung der SED, Gründung von Massenorganisationen und Verstaatlichungen. Die Privatbetriebe und Unternehmen wurden in Volkseigene Betriebe umgewandelt. Die einstmals bedeutsame Vogtländische Maschinen-Fabrik A.G. war noch 1945 vollständig demontiert und das Hauptwerk gesprengt worden. An

anderer Stelle entstanden die Plamag und die Maschinenfabrik Vogtland, der spätere VEB Werkzeugmaschinenfabrik Vogtland. Auch die neuen Volkseigenen Betriebe Sächsische Zellwolle und Stahlbau Plauen nahmen ihre Produktion wieder auf. Gravierender waren die Veränderungen in der Spitzen-, Gardinen- und Textilindustrie. Die Unternehmen wurde nach 1950 zum VEB Plauener Spitze und VEB Plauener Gardine zusammengeführt und 1979 zum VEB Kombinat Deko mit später 39.000 Beschäftigten zusammengefasst.

Der intensive Wiederaufbau begann nach 1950 und verlief in verschiedenen Phasen. Anfangs folgte man den alten noch vorhandenen Straßenzügen. Mit dem Bau der zehngeschossigen Punkthäuser am Oberen Bahnhof erfolgte eine Umorientierung: Teile der Innenstadt wurden völlig neugestaltet: Zweckbauten und Versorgungseinrichtungen prägten von nun an das Stadtbild. Mit dem Neubau des Oberen Bahnhofs zwischen 1970 und 1973 und der Fertigstellung der zerstörten Frontseite des Neuen Rathauses war diese Entwicklung vorerst abgeschlossen. Von nun an verlagerte sich das Baugeschehen vor die Stadt. Vollbeschäftigung und mangelnder Wohnraum machten Neubausiedlungen notwendig. Auf Brachland am Westbahnhof entstanden zwischen 1968 und 1972 das Neubaugebiet Seehaus, um die Marienstraße herum das Dörffelgebiet. Zwischen 1975 und 1986 erfolgte mit dem Wohnungsbauprogramm der DDR der Neubau von 1600 und 6000 Wohnungen im Mammengebiet und dem Chrieschwitzer Hang. Die oftmals prämierten Planungsentwürfe wurden jedoch aus Kostengründen nicht im vollen Umfang realisiert, so dass doch die Monotonie des Plattenbaus dominierte. Das Bild der Innenstadt hingegen war immer noch durch Baulücken und teilweise sanierungsbedürftige Häuser gekennzeichnet. Auch wenn in diesen Jahren die Bahnhofstraße zur Fußgängerzone umgestaltet wurde, und die Sanierung des Altmarkts begann, konnte die Stadt an der Elster nur auf industriellem Gebiet wachsende Bedeutung erreichen. Der alte Glanz der Spitzenstadt blieb verloren.

„Wir sind das Volk"

Die Unzufriedenheit in der Bevölkerung wuchs zunehmend. Als die Züge mit Ausreisewilligen vom 2. bis 5. Oktober 1989 den Plauener Bahnhof in Richtung Hof passierten, hatte dies Signalwirkung. Wahlbetrug, Versorgungsengpässe, Reisebeschränkungen veranlassten Bürgerrechtler, Oppositionelle und hunderte mutige Bürger zu Unterschriftenaktionen und am 7. Oktober, Tage vor den großen Kundgebungen in Dresden und Leipzig, zu ersten Protestdemonstrationen gegen das bestehende System. Die Antwort waren Wasserwerfer, Einsätze der Kampfgruppen und der Bereitschaftspolizei. Die Stadt befand sich im Ausnahmezustand. Der Sturz des Systems war jedoch nicht mehr aufzuhalten.

Rasant vollzog sich die Wende: Grenzöffnung, freie Wahlen, Wiedervereinigung, freie Marktwirtschaft aber auch Strukturwandel, Betriebsschließungen und Arbeitslosigkeit waren die Folge. Die Spitzenstadt musste ihren Platz im wiedervereinigten Deutschland neu bestimmen. Die Industrieschornsteine in der Elsteraue verschwanden. Traditionelle Industriezweige hatten keine Zukunft mehr. Die Spitzen- und Gardinenproduktion stand vor einem Neuanfang. Und dieser war erfolgreich. Neue Gewerbe siedelten sich an, städtebauliche Versäumnisse der vergangenen Jahrzehnte wurden aufgearbeitet. Das Bild der Innenstadt wandelte sich erneut: Nicht nur die Straßennamen änderten sich, Baulücken wurden geschlossen, Fassaden erhielten Farbe, attraktive Neubauten an der Bahnhofstraße und am Klostermarkt entstanden, neue Geschäfte siedelten sich an. 1997 präsentierte die Stadt ihr neues Gesicht zum 6. Tag der Sachsen 380.000 Besuchern. Sorgfältig und mit viel Liebe wurde und wird der alte historische Stadtkern um Johanniskirche und Malzhaus saniert. Der Bau der Stadtgalerie, die 2001 eröffnete, schloss die Lücke zwischen der historischen Altstadt und der Bahnhofstraße. Das Stadtzentrum gewann so weiter an Attraktivität. Die Spitzenstadt wird wieder ein Industriestandort und wird zunehmend von den Touristen entdeckt und empfohlen.

Trotz aller bestehenden Probleme, Plauen, die Stadt mit Geschichte und Geschichten, die Stadt der Spitze, fast 800 Jahre alt, ist auf dem Weg in die Zukunft. (pd)

Bahnhofstraße

Industrie- und Handelskammer an der Unteren Friedensstraße

Klostermarkt mit Rathausturm

Die vier Punkthäuser beim Bahnhof

Der Nonnenturm im Stadtzentrum

Stilvoll sanierte Gebäude an der Dobenaustraße

Der neue Turm auf dem Bärenstein

Weihnachtsmarkt in Plauen

Die Plauener Spitze

Der Sohn hat in der Schule Hausaufgaben aufbekommen. Er soll einen Vortrag zum Thema „Entwicklung der Textilindustrie in Plauen" ausarbeiten. Bevor er sich in die Bücher verkriecht, fragt er den Vater aus. Der erzählt ihm die Geschichte der Plauener Spitze:

Der Spruch „Viel Steine gab's und wenig Brot" könnte auf Plauen und das Vogtland zugeschnitten sein. Denn ein „Mangel" der Natur beförderte die Entwicklung der Textilindustrie in dieser Region.

Die „steinreichen" Böden waren zum Ackerbau nur wenig geeignet. Die Folge war, dass sich die Menschen nach einem anderen Broterwerb umsehen mussten. Dazu gehörten die Schafhaltung und das Verarbeiten von Wolle und Leinen. Die Tuchmacherei bildete seit dem 14. Jahrhundert das Hauptgewerbe in Plauen. An diese Zeit erinnern Namen wie die Rähme am Mühlgraben. Dort spannten die Tuchmacher ihre Gewebe zum Trocknen und Bleichen auf hölzerne Rahmen.

Stadtrat erlässt Schleierordnung

Seit Ende des 16. Jahrhunderts begann sich das Bild zu wandeln. Die Wollverarbeitung verlagerte sich in nordvogtländische Städte wie Reichenbach und Greiz. In dieser Zeit begann sich Plauen mit dem Herstellen von leichten, feinen Baumwollgeweben – den Schleiern oder Schlören – einen Namen zu machen. Am 22. Dezember 1600 erließ der Stadtrat unter Bürgermeister Valentin Schürer die erste Schleierordnung, um die Qualität der Waren zu sichern und sich von süddeutschen Handelsherren zu lösen. Jedes Stück wurde vor dem Verkauf einer Schau unterzogen und abgestempelt. Neben der handwerklich guten

Die Plauener Spitzenprinzessin

Die Vomag – ein Stück Industriegeschichte

Arbeit bildete das weiche Elsterwasser eine zweite Grundlage für die Qualität der Stoffe: Es ermöglichte eine hervorragende Bleiche. Die Blütezeit des Plauener Textilgewerbes ist verbunden mit den Namen der Kaufleute Johann Friedrich Schild und Johann August Neumeister. Letzterer gründete 1754 mit einem Kredit der Stadt eine Kattundruckerei. Das Vertrauen in die Plauener Waren war damals so groß, dass die Käufer 1777 bei der Messe in Leipzig Kisten mit Schleiern aus der Stadt gar nicht erst öffneten. Um der Nachfrage Rechnung zu tragen, wurde von 1778 bis 1780 ein 24.000 Taler teures Druckereigebäude am Mühlgraben, das heutige Weisbachsche Haus, errichtet. Das Gebäude galt um 1800 als das bedeutendste seiner Art in Sachsen. Um 1811 beschäftigte die Kattundruckerei 400 Menschen.

Zwei Revolutionen beendeten die von Historikern als erste Blüte bezeichnete Zeit der Plauener Baumwollwaren-Industrie: Die Franzosen jagten 1789 den König zum Teufel. Die Kriegswirren der folgenden Jahre unterbanden den Handel, der Absatz ging zurück. Noch drastischer wirkte sich jedoch die industrielle Revolution aus. Mit der Erfindung der Spinnmaschine überschwemmte England den europäischen Markt mit großen Mengen von Garnen, die nur etwa halb so teuer waren wie die aus dem Vogtland. 1806 schien sich das Blatt noch einmal zu wenden, als Napoleon ab dem 21. November mit der Kontinentalsperre die englische Konkurrenz ausschaltete. Die kurze Pause endete 1813 mit dem Sturz des Franzosenkaisers. Englische Waren dominierten erneut die kontinentalen Märkte, und die textile Fertigung im Vogtland kam zum Erliegen. Die Folgen für die Menschen waren katastrophal – im Vogtland gab es eine Hungersnot. Das Besticken von Textilien war seit der Mitte des 18. Jahrhunderts in Plauen zu Hause. Seit 1776 wurden feine ostindische Tücher in die Stadt geschickt, um sie dort besticken zu lassen. Johann Christian Baumgärtel brachte 1794 bestickte Modewaren auf den Markt. Die Nachfrage wuchs so schnell, dass ein Jahr später Plauener Verleger Ausnäharbeiten in Eibenstock vornehmen lassen mussten. Die Plattstich-Stickerei kam um 1810 mit der Frau des aus Reichenbach stammenden Baumwollwarenhändlers C. G. Krause ins Vogtland.

Konkurrenz aus der Schweiz

Das Besticken von Taschentüchern, Krawatten und anderen Produkten bot in den Krisenjahren nach 1813 eine relativ sichere Existenzgrundlage und setzte sich in den Folgejahren immer stärker durch. Wachsende Nachfrage und die größer werdende Konkurrenz zu Firmen aus dem Schweizer St. Gallen stimulierten die Mechanisierung der Produktion. Noch im Jahr 1836 hatten sich zwei durch die Plauener Firma F. L. Böhler und Sohn gekaufte Handstickmaschinen als unzuverlässig erwiesen. Die im elsässischen Mühlhausen erworbenen Geräte blieben in Stickleistung und Qualität weit hinter den Erwartungen zurück. Ein neues Zeitalter begann 1857. Kaufmann Schnorr hatte Albert Voigt beauftragt, zwei Stickmaschinen aus der sehr um die Geheimhaltung der Technik bedachten Schweiz nach Plauen zu holen. Dort nahm die Firma Schnorr & Steinhäuser die Maschinen in Betrieb. Dieser Einsatz bildete den Ausgangspunkt für den Beginn der Großproduktion von Stickereiwaren und die damit verbundene stürmische Entwicklung der Stadt. Der Beitritt Sachsens zum Deutschen Zollverein 1834 und der Ausbau des Eisenbahnnetzes ab der Mitte des 19. Jahrhunderts unterstützten den Aufschwung.

Weisbachsches Haus am Mühlgraben

Die Eisenbahn verkürzte tagelange Reisen auf Stunden. Von 1865 auf 1872 erhöhte sich die Zahl der Stickereimaschinen in Plauen von 84 auf 907. 1881 schlug die Geburtsstunde der Plauener Spitze. Der Kaufmann und Fabrikant Theodor Bickel stand einer Arbeitsgemeinschaft vor, der es gelang, glatten Tüll ohne Unterlage zu besticken.

Plauener Spitze erlangt Weltruf

1883 stellten die Plauener Firmen Falke und Neubauer die „Ätz- oder Luftspitze" her. Das Herausätzen des Stickgrundes ersetzte das bis dahin übliche Herausschneiden des Gewebes. Die „Plauener Spitze" wurde unter den Namen Plauen-laces und dentelles de Plauen zu einem weltbekannten Begriff. Doch was nützten hunderte Maschinen und ausgeklügelte Produktionstechniken, wenn nicht genügend neue Muster vorhanden waren? Qualifizierte Designer waren gesucht. Deshalb gründeten Plauener Industrielle 1877 die kunstgewerbliche Fachzeichenschule, die ab 1891 als königliche Kunstschule für die Ausbildung von Musterzeichnern sorgte. 1899 wurde in Plauen die Fachschule für Maschinensticker gegründet, die für eine fundierte Ausbildung der Sticker sorgte.

Auch die Maschinenbauer rasteten nicht. Die „J. C. und H. Dietrich, Plauen (Vogtland) Stickmaschinenfabrik", später Vomag, stellte ab 1881 Maschinen her. Bereits 1898 wurde die Produktion um den Bereich Druckmaschinen erweitert. 1912 firmierte das Unternehmen als zweitgrößte Maschinenfabrik Sachsens. Von der Entwicklung der Textilindustrie profitierte die Konfektion. Außerdem entwickelte sich die Verpackungs-, Draht- und Glühlampenindustrie. Allein zum Einkauf von Spitzen und Gardinen richteten die USA 1887 in Plauen ein Konsulat ein.

In den stürmischen Jahren vervielfachte sich die Einwohnerzahl der Stadt von 14.400 (1857) auf 42.848 (1885) und 128.014 (1912). Zeugnisse dieses Aufschwungs in der Bauindustrie sind noch heute die im Stile der Gründerzeit, später im Jugendstil errichteten Wohnhäuser beispielsweise in der Dittes- und Dobenaustraße sowie in der Gustav-Freytag-Straße. Auch die ungewöhnlich breiten Straßen am Rande der Stadt belegen diese stürmische Entwicklung. Nach heutigen Gesichtspunkten betrachtet, war Plauen eine Boom-Town, eine Stadt mit fast grenzenlos erscheinenden Möglichkeiten. Die Verkehrswege waren auf weiteres Wachstum ausgelegt.

Einen Höhepunkt bildete das Jahr 1900, als die Kollektion von elf Plauener Firmen und der königlichen Spitzenklöppelschule Schneeberg auf der Weltausstellung in Paris einen Grand Prix erhielt. Von 1904 bis 1911 verdoppelte sich nochmals die Zahl der Schiffchenstickmaschinen auf etwa 9300.

Ab 1910 begann sich die Lage zu verschlechtern. Die Mode wurde sachlicher. Modeauffassungen nach Vorbild der französischen Kaiserin Eugenie wichen einer dem Industriezeitalter angeglichenen Damenoberbekleidung, die eher die schlanke Figur betonte und die Spitze verwarf. Der Bedarf an den Plauener Stickereien ging zurück. Noch drastischer wirkte sich eine Wirtschaftskrise in den USA aus. Der Spitzenabsatz an diesen Großabnehmer sank von 1912 bis 1913 um 50 Prozent. Nicht zuletzt trug ein starker Qualitätsverlust zur Krise bei. Auf den Markt kam zentnerweise fehlerhafte Spitze aus der sogenannten Ramschproduktion. Die schlechte Lage der Stickereiindustrie vertiefte sich durch den Ausbruch des Ersten Weltkrieges. Danach erreichte diese Industrie nicht mehr die Bedeu-

tung, die sie für Plauen zu Beginn des 20. Jahrhunderts besessen hatte. Da im Zweiten Weltkrieg 75 Prozent der Stadt und 70 Prozent der Produktionsanlagen zerstört wurden, fiel der Anfang schwer. Die Spitzenherstellung lebte nur langsam wieder auf. Seit 1954 wird die Plauener Spitze wieder exportiert. Eine neue Entwicklung hatte sich bereits ein Jahr zuvor angedeutet: 1953 wurde mit dem VEB Plauener Spitze der erste volkseigene Betrieb in der Branche gegründet. Eine eigenständige Arbeit war nur kurze Zeit möglich. Die Firmen verloren durch Verstaatlichung bis 1972 ihre Selbstständigkeit.

Dass die Sticker im Vogtland ihre Kreativität nicht verloren hatten, bewiesen über 30 Goldmedaillen, die die Spitzen bei der Leipziger Messe erhielten. Und ein weiterer Aspekt verdient Beachtung: Das 1955 aus der Taufe gehobene Spitzenfest hat sich über die Zeitenwende den Ruf als das bedeutendste Plauener Stadtfest erhalten.

Seit 1984 bewahrt und zeigt das Spitzenmuseum in seinem Fundus einen Teil der Plauener Spitzengeschichte. Die Schau ist die einzige ihrer Art in Deutschland.

Wende bringt Neuanfang

Für die meisten Firmen begann mit der politischen Wende im Herbst 1989 der mühevolle Weg zurück in die Selbstständigkeit. Der Markenname „Plauener Spitze" wurde geschützt. Schritt für Schritt gelingt es den Firmen aus dem gesamten Vogtland, auf dem Weltmarkt Fuß zu fassen. Die Marketingbemühungen der wieder erstarkenden Spitzenproduktion unterstützt die seit 1996 alle zwei Jahre stattfindende Wahl einer Spitzenprinzessin. Am Wahltag verschmelzen Vergangenheit und Gegenwart dieser traditionsreichen Branche: Jeweils am 18. August wird die Spitzenprinzessin gekürt, an dem Tag, an dem die Plauener Spitze 1900 in Paris den Grand Prix erhielt. (lh)

Menschen, die Spuren hinterließen

Wer kommt schon aus Plauen? Die Marketingstrategen der Stadt haben nicht Robert Schumann und Gert Fröbe wie Zwickau, haben weder Karl Schmidt-Rottluff und Katarina Witt wie Chemnitz, noch Richard Wagner wie Bayreuth als Werbeträger. Berühmtheiten, so scheint es, hielt es nicht für ein ganzes Leben in Plauen. Der Puls der Zeit trommelt eben meist in anderen Orten. Selbst Karikaturist Erich Ohser lieh sich von seiner Heimatstadt zwar den Künstlername e. o. plauen. Aber er ging dann doch lieber nach Berlin. Nein, eine Stadt der Prominenten ist Plauen nicht. Aber umgekehrt wird ein Schuh daraus: Kaum eine Persönlichkeit kommt an Plauen vorbei! Waren es manchmal nur Jahre, die sie hier verbrachten, oder wie Goethe und Napoleon sogar nur Tage auf der Durchreise – ihre Spuren hinterließen sie alle.

Georg Samuel Dörffel (1643–1688), bedeutender Astronom, der nach einem Theologiestudium in Jena ab 1672 als Landdiakon in Plauen arbeitete und später Superintendent in Weida wurde. Aus der Dachluke seines Hauses beobachtete Dörffel den Himmel und entdeckte noch vor Isaac Newton, dass sich Kometen parabelförmig bewegen. Er beschrieb als Erster den Halleyschen Kometen. 1791 wurde nach ihm ein Mondgebirge benannt. Anlässlich seines 300. Todestages schuf der Bildhauer und späterer Plauener Oberbürgermeister Rolf Magerkord eine Stele aus Stahl, die einen Kometen mit Schweif stilisiert darstellt. Sie steht am Fuße des Bärensteinturms. Auch eine Straße ist nach Dörffel benannt.

Julius Mosen (1803–1867), ist eigentlich kein Plauener, sondern stammt aus Marieney. Mosen besuchte aber von 1817 bis 1821 in Plauen das Gymnasium und soll dort seine ersten Gedichte geschrieben haben.

Obwohl er Jura studierte, galt seine Leidenschaft der Literatur. 1844 wurde er Dramaturg am Hoftheater in Oldenburg. Er schuf Gedichte, Dramen und Erzählungen. Zu Mosens bekanntestem Werk zählt „Zu Mantua in Banden der treue Hofer war", das er Andreas Hofer, dem österreichischen Freiheitskämpfer des 19. Jahrhunderts, widmete. Das Lied gilt heute noch als die Tiroler Landeshymne. Auch seine Gedichte übers Vogtland wurden berühmt. Beim Plauener Nonnenturm erinnert eine Skulptur an den Dichter.

Hermann Vogel (1854–1921), in Plauen geborener Maler der Spätromantik, der sich durch seine Illustrationen der „Kinder- und Hausmärchen" der Gebrüder Grimm einen Name machte. 1909 wurde Vogel Professor an der Kunstakademie in Dresden. Ihn zog es aber immer wieder zurück ins Vogtland, um den Wald zu malen sowie Sagen und Märchen zu illustrieren. Bewunderer sagen, Vogel setzte Heimatliebe mit Pinsel und

Farbe um – nicht ohne Selbstironie. Er dichtete heitere und poetische Verse. Das brachte ihm die Bezeichnung Malerpoet ein. Vogel starb in Krebes. Sein Grab auf dem dortigen Friedhof trägt die Aufschrift „Hier ruht einer, der hatte den Wald so lieb!"

In Krebes, zu erreichen über die B 173 in Richtung Hof, gibt es an der Burgsteinstraße 5 das Hermann-Vogel-Haus, das von April bis Oktober, Donnerstag bis Sonntag von 10 bis 12 Uhr und von 13 bis 16.30 Uhr, geöffnet ist. Führungen sind vorher zu vereinbaren (03741/ 291 24 01, oder 037433/59 02).

Max Hölz (1889–1933), der „Rote Husar" des Vogtlandes und Idol der Jungkommunisten in den 20er Jahren. In der politisch wirren Zeit nach dem Ersten Weltkrieg setzte er sich für ein Deutschland nach sowjetischem Vorbild ein und gründete Arbeiter- und Soldatenräte im Vogtland. Hölz baute die Ortsgruppe Plauen der Kommunistischen Partei Deutschlands auf und setzte sich für die Arbeiter ein – mit ungewöhnlichen Aktionen. Er ließ im Vogtland Hamsterlager requirieren und teilte sie unter den Bedürftigen auf. Er soll Häuser der Unternehmer angezündet haben und befreite 1920 mit 50 Bewaffneten politische Gefangene aus dem Plauener Gefängnis. 1921 wurde Hölz wegen eines angeblichen Mordes an einem Gutsbesitzer zu lebenslanger Haft verurteilt. Später rehabilitierte man ihn, und er reiste als Wahlkämpfer durchs Land. Bei einer Versammlung in Bad Elster schlugen ihn 1930 Nazis zusammen. Hölz siedelte in die Sowjetunion über. Dort starb er 1933 unter mysteriösen Umständen.

Hilmar Mückenberger (1855–1937), seinen Namen kennen wenige, seine Lieder bis heute fast alle Vogtländer: Der Musiker schuf die populären,

31

volkstümlichen Lieder „Plau'n bleibt Plau'n", „Dort, wo durch's Land die Elster fließt" und „Zen Schäderedäng de Luft is ra". Um seinen spärlichen Verdienst als Orchestermusiker aufzubessern, gründete der gebürtige Eibenstocker 1878 in Plauen den „Klimperkasten", ein Vorläufer des Kabaretts, und war als Gastwirt tätig. Abends verteilte er in der Gaststube die Noten und ließ seine neuen Liedern sofort einstudieren. Mückenberger komponierte auch für andere Musikensembles und konnte später als Verleger sogar davon leben. Seine Singspiele und Instrumentalstücke blieben jedoch weitgehend unbekannt.

Günther Fischer, Jazzmusiker und Komponist, geboren in Teplitz/ Schönau, lebte bis 1960 in Plauen. In der Stadt an der Weißen Elster erhielt er seinen ersten Geigen- und Klavierunterricht. In Plauen gründete er mit 16 Jahren sein erstes

Trio. 1996 legte er die erste Langspielplatte des Günther-Fischer-Quintetts vor. Die Melodien aus seiner Feder wurden vom Schauspieler Manfred Krug getextet und gesungen. In späteren Jahren machte Fischer auch als Filmkomponist („Just a Gigolo", „Solo Sunny", „Einer trage des anderen Last") von sich Reden. Sein Musical „Jack the Ripper" erlebte 1997 im Vogtland-Theater die Uraufführung.

Dagmar Schellenberger, als Opernsängerin zu Hause auf den großen Bühnen der Welt, erblickte im Plauener Ortsteil Jößnitz das Licht der Welt, ging dort zur Schule und erhielt in Plauen den ersten Gesangunterricht. Nach dem Studium in Dresden nahm sie ein Theaterengagement in Altenburg an. Den nationalen und internationalen Durchbruch erlebte sie als Mitglied des Ensembles der Komischen Oper in Berlin.

Adam Friedrich Zürner (1679–1742), aus Marieney besuchte in Plauen die Lateinschule. Er gilt als Vater der sächsischen Postmeilensäulen, denn 1713 beauftragte ihn Kurfürst August der Starke mit der kartographischen Vermessung des Kurfürstentums. Zürner, der Pfarrer war und bis 1721 blieb, hatte den Monarchen mit seiner Landkarte von Großenhain und Umgebung beeindruckt. Zürner konstruierte sich einen geometrischen Wagen und zog zur Vermessung mit zehn Gehilfen übers Land. Im Zuge der Arbeit wurden neue Wegsteine gesetzt. Keinen finanziellen, aber zumindest akademischen Ruhm heimste Zürner bereits zu Lebzeiten ein: 1716 berief ihn die Preußische Akademie der Wissenschaften zum Mitglied.

Erich Ohser (1903–1944), ein deutsches Schicksal. Der Zeichner und Karikaturist wählte am 6. April 1944 den Freitod. Er befand sich wegen politischer Äußerungen in Berlin in Haft. Am nächsten Morgen sollte er vom Blutrichter Roland Freisler vorm Volksgerichtshofes abgeurteilt werden. Ohser hatte zu seinem Freund Erich Knauf geäußert: Dr. Goebbels als sogenannter Minister habe alle deutschen Künstler durch idiotische Verfügungen so gedrosselt und vergrämt, dass die deutsche Kunst, wie von Blinden zu sehen, vor die Hunde gegangen sei. Das reichte. Hinter dem Zeichner, damals tätig für die NS-Zeitung „Das Reich", schlossen sich die Gefängnistore.
Erich Ohser hatte am 18. März 1903 in Untergettengrün das Licht der Welt erblickt. Er wuchs in Plauen auf, absolvierte eine Schlosserlehre, studierte in Leipzig Malerei und Graphik. Nachdem er 1927 nach Berlin übergesiedelt war, wurde er mit politischen, linksgerichteten Karikaturen bekannt. Die späteren Bildergeschich-

ten um die Figuren Vater und Sohn machten ihn in ganz Deutschland berühmt. Erich Ohsers sterbliche Überreste ruhen heute zusammen mit der Urne des Sohnes Christian im Familiengrab auf dem Plauener Hauptfriedhof.

Erich Knauf (1895–1944), heute fast nur noch bekannt als Dichter des Liedes „Heimat, deine Sterne", nahm an all den Wirren, Aufbrüchen und Tragödien der Deutschen während der ersten Hälfte des 20. Jahrhunderts teil. Nie war er Zuschauer, stets Darsteller. Das brachte ihn am 2. Mai 1944 in Brandenburg unters Fallbeil. Roland Freisler, der berüchtigte Vorsitzende des Nazi-Volksgerichtshofes, hatte ihn wegen „fortlaufend schwerst zersetzender Reden", wie er begründete, zum Tode verurteilt. Die Staatsanwaltschaft stellte der Witwe Knauf 585,74 Reichsmark für die Kosten der Haft, Verurteilung und Hinrichtung ihres Mannes in Rechnung. Erich Knauf wurde am 21. Februar 1895 in Meerane geboren und lernte den Beruf des Schriftsetzers. 1920 nahm er an der Zerschlagung des Kapp-Putsches teil. Ab 1922 war er als Feuilletonredakteur in Plauen tätig, wo er Erich Ohser kennen lernte, mit dem ihn fortan eine lebenslange Freundschaft verband. Später komplettierte der Schriftsteller Erich Kästner das Freundestrio.

Walter Ballhause (1911–1991), geboren in Hameln, wurde noch zu Lebzeiten in internationale Künstler-Lexika aufgenommen. Etwa 30 Ausstellungen, unter anderem in New York, brachten dem Arbeiterfotografen hohe Anerkennung für seine sozial-dokumentarischen Aufnahmen, die er in den 30-er Jahren gemacht hatte. 1941 war er nach Straßberg, heute ein Plauener Ortsteil, gezogen, wo er bis zum Tode lebte. (kh/lk)

Wo Sie übernachten, essen, und einkaufen können

Zufrieden streichelt sich der Vater über den vollen Bauch. Nach dem Einkauf hat er es sich mit seinem Sohn schmecken lassen. Jetzt hat er Bedenken, dass die neuen Hosen zu eng sind. Deshalb gönnt er sich noch einen Kräuterschnaps – zur Verdauung. Der Sohn kennt solche Sorgen nicht. Nachdem er eine Roulade mit grünen Klößen verdrückt hat, schleckt er ein Eis. Ihm bereitet eher Kopfzerbrechen, wie er seinen Vater am Abend ins Hotel bringen soll, wenn der noch ein, zwei „Verdaulinge" trinkt. Zum Glück ist es nicht weit von der Gaststätte entfernt ...

Wir stellen, wie auch in den folgenden Abschnitten, eine repräsentative, aber keineswegs vollständige Auswahl vor.

Übernachten

Übernachten in Plauen – kein Problem. In der Stadt sind permanent über 700 Betten in Hotels und Herbergen verfügbar – all die liebenswerten Pensionen noch nicht eingerechnet. Selbst auf spontane Gruppenbesuche sind die Portiers spätestens seit 1997 eingestellt, als die Stadt zum „Tag der Sachsen" etwa fünfmal so viele Gäste wie Einwohner beherbergte. Die Preise für Übernachtungen bleiben selbst in der Drei-Sterne-Ausführung noch erfreulich am Boden.

Hotel Alexandra **

✉ Bahnhofstr. 17, 08523 Plauen,
✆ 03741/22 14 14
Das familiengeführte Hotel gilt als eine der ersten Adressen der Stadt. Mit Noblesse und Eleganz knüpft das modern eingerichtete Haus an seine über 140-jährige Geschichte an. Es liegt im Zentrum und steuert ein Gutteil zur gastronomischen Klasse Plauens bei. Bis zu 100 Personen finden in den variablen Konferenzräumen Platz, zum weiteren Angebot zählen Pool, Sauna, Caféstübchen, Restaurant, Terrassencafé und Nachtbar.
🛏 22 Einzelzimmer (69 bis 76 Euro), 48 Doppelzimmer (80 bis 104 Euro), 2 Suiten (100 bis 190 Euro)

Landhotel Zur Warth **

✉ Steinsdorfer Str. 8, 08547 Jößnitz,
✆ 03741/5 71 10
Ruhe, Idylle und ausgewogener Komfort kennzeichnen das Landhotel Zur Warth am Rand des Plauener Stadtteils Jößnitz. Tagungsgäste wissen die entspannende Atmosphäre zu schätzen: Nur ein paar Gehminuten weiter beginnt die malerische Vogtländische Schweiz. Die Zimmer sind großzügig bemessen, und die Hotelküche weiß immer wieder mit saisonalen Spezialitäten aus aller Herren Länder zu überraschen. Bis zu 130 Personen können zeitgleich konferieren.

Pension „Vogtland mit Herz"

22 Doppelzimmer (56 bis 77 Euro), 3 Appartements und 1 Ferienwohnung (ab 70 Euro, für zwei Personen)

City-Flair-Hotel ***

✉ Neundorfer Str. 23, 08523 Plauen, ☎ 03741/1 52 30

Seine zentrale Lage und die gute Verkehrsanbindung begeistern vor allem Geschäftsreisende, aber auch Künstler wie Manfred Krug und ganze Familien quartieren sich gern in dem relativ kleinen Hotel ein. Die ungewöhnliche Innenausstattung gipfelt in einer Designer-Suite mit Whirlpool für die eher „schlaflosen" Nächte. Ebenso etwas Besonderes ist das Hotelrestaurant „Kartoffelhaus" mit seiner regional betonten und teilweise exklusiven Küche. Die Konferenzräume fassen bis 40 Personen.

11 Einzelzimmer (49 bis 56 Euro), 11 Doppelzimmer (66 bis 77 Euro), 1 Suite (149 Euro)

Country Inn & Suites ****

✉ Straßberger Str. 37-41, 08523 Plauen, ☎ 03741/25 20

Die internationale Hotelkette residiert in einem modernen Funktionsbau, doch innen fühlen sich die Gäste an einen Sommerabend in südlichen Gefilden erinnert. Diesen Charme versprüht auch das Personal, und spätestens im Hotelrestaurant „Piazetta" erliegt ihm wohl jeder Gast. Für Konferenzen werden 100 Plätze vorgehalten, die anschließende Feier steigt meist in der Cocktailbar.

15 Einzelzimmer (56 bis 76 Euro), 42 Doppelzimmer (61 bis 81 Euro), 6 Suiten (76 bis 101 Euro)

Hotel am Theater ***

✉ Theaterstr. 7, 08523 Plauen, ☎ 03741/12 14 44

Der Name sagt es schon: Vis-à-vis der Bühne schlagen die Besucher der Stadt gern ihr Nachtlager auf – ganz besonders natürlich Künstler. Doch auch Familien und Tagungsgäste fühlen sich im Haus wohl. Das zugehörige „Wirtshaus" mit regionaltypischer Küche ist obendrein sehr beliebt. Die Konferenzräume bieten 100 Gästen Platz.

9 Einzelzimmer (59 bis 67 Euro), 105 Doppelzimmer (67 bis 82 Euro), 4 Appartements (85 bis 105 Euro)

Parkhotel ***

✉ Rädelstr. 18, 08523 Plauen, ☎ 03741/20 60

Klein aber fein: Das Parkhotel ist

etwas für Kenner, die die Atmosphäre einer von viel Grün umsäumten Villa zu schätzen wissen, die bereits 1868 erbaut wurde. Bis zur Fußgängerzone ist es nur ein Katzensprung. Außer der europäischen Hotelküche im Erdgeschoss gibt es im Kellerlokal „Neideiteln" originale vogtländische Kost auf den Teller, ein guter Tropfen wartet an der Bar. 30 Plätze für Versammlungen.

🛏 5 Einzelzimmer (45 bis 59 Euro), 11 Doppelzimmer (75 bis 85 Euro), 1 Suite (ab 112 Euro)

Hotel Ambiente

✉ Schulstr. 23b, 08527 Plauen/Neundorf, ✆ 03741/13 41 68

Der Westteil Plauens und das angrenzende Neundorf sind bei Einheimischen und Gästen gleichermaßen beliebt. Herrschaftliche Villen und Bürgerhäuser in aufwändigem Jugendstil, ausgedehnte Parkanlagen und zahlreiche Ausflugsmöglichkeiten sprechen für das ruhig gelegene Familienhotel. Gastronomisch erwarten den Gast gutbürgerliche Kreationen.

🛏 7 Einzelzimmer (35 bis 46 Euro), 14 Doppelzimmer (60 bis 70 Euro)

Deutscher Hof

✉ Stresemannstr. 26, 08523 Plauen, ✆ 03741/28 18 85

Das Hotel mit Restaurant bietet zentrumsnah eine gepflegte Möglichkeit zum Übernachten. Wer sich nach dem Essen – auf der Karte stehen vogtländische und internationale Gerichte – noch bewegen möchte, kann das auf der hauseigenen Bowlingbahn tun. Tagungsraum für bis zu 50 Personen.

🛏 2 Einzelzimmer (42 Euro), 7 Doppelzimmer (55 Euro)

Schlosshotel Jößnitz

✉ Schloßstr. 2, 08547 Jößnitz, ✆ 03741/57 77 50

Genau das Richtige für Romantiker: In dem restaurierten Gemäuer finden zwar nicht viele Gäste ein Plätzchen für die Nacht, für die allerdings bleibt ein unvergessliches Erlebnis. Abseits des städtischen Getümmels locken die wunderschöne Umgebung, die gutbürgerliche Küche und der urige Ritterkeller passen gut dazu. Für offiziellere Anlässe stehen 25 Plätze im Versammlungsraum bereit.

🛏 1 Einzelzimmer (50 Euro), 6 Doppelzimmer (34 bis 38 Euro pro Person), 1 Suite (110 Euro)

Landhotel Gasthof Zwoschwitz

✉ Talstr. 1, 08525 Zwoschwitz, ✆ 03741/13 16 74

Nicht nur Tagungsgäste wissen die Gemütlichkeit eines Landhotels zu schätzen. Auch Familien verbringen ihren Urlaub gern in Zwoschwitz. Die Zimmer des verkehrsgünstig gelegenen Hauses sind großzügig bemessen, bei schönem Wetter sitzen die Besucher gern im Biergarten. Gleich daneben haben die Kinder ihren Spielplatz. 120 Plätze für Konferenzen.

🛏 6 Einzelzimmer (23 bis 47 Euro), 19 Doppelzimmer (40 bis 70 Euro)

Pension „Matsch"

✉ Nobelstr. 5, 08523 Plauen, ✆ 03741/20 48 07

Pension „Matsch"

36

Gasthaus Goldener Löwe in ehrwürdigem Gemäuer

Diese außergewöhnliche Pension wird auch gern von Einheimischen gebucht, zum Beispiel von frisch Vermählten. Die Zimmer sind mehrere Jahrhunderte alt, aber modern eingerichtet. Mitten in der Altstadt erschließen sich reizvolle Blicke auf Mansarden, Wehrgänge und historische Fachwerkgiebel.

◻ 1 Einzelzimmer (36 Euro), 9 Doppelzimmer (49 bis 51 Euro), 1 Ferienwohnung (61 Euro)

Pension „Vogtland mit Herz"

✉ Grüne Gasse 4, 08547 Jößnitz,
✆ 03741/52 12 88

Wer das Besondere sucht, findet es wahrscheinlich in Jößnitz. Die Pension befindet sich in einem original erhaltenen Umgebindehaus aus dem 17. Jahrhundert und setzt auf familiäre Gastlichkeit. Ruhe und Entspannung bietet der große Garten mit seinen alten Bäumen. Frühstück ist inklusive. 3 Zwei- bis Vierbettzimmer (20 bis 30 Euro pro Person)

Pension Anno 1866

✉ Forststr. 25, 08523 Plauen,
✆ 03741/22 25 89

Seine zentrale Lage macht das Haus zur günstigen Alternative, ab drei Nächten wird Rabatt gewährt. Das zugehörige Ristorante Pizza Bistro öffnet bei schönem Wetter den einzigartigen Biergarten im Hof.

◻ 1 Einzelzimmer (23 bis 26 Euro), 5 Doppelzimmer (18 bis 21 Euro pro Person)

Campingplatz Gunzenberg

✉ Hauptstr. 51, 08543 Möschwitz,
✆ 037439/63 93

Die Talsperre Pöhl ist unter Campern und Badegästen weit über die Grenzen des Vogtlandes hinaus als eines der beliebtesten Naherholungsziele bekannt. Auf dem modernen Campingplatz bleiben kaum Wünsche offen. Neben zahlreichen Freizeitangeboten um den Binnensee (Dampferrundfahrt, Bootsverleih, Golf, Minigolf) sind Ausflüge in die Umgebung zu empfehlen.

◻ Preise pro Person und Tag: 4 Euro; Kinder (3 bis 14 Jahre): 2 Euro; Hund: 3 Euro; Wohnwagen: 5 Euro; großes Zelt/Caravan/Sonnenpavillon: 4 Euro; Iglu-Zelt: 3 Euro; Auto: 2 Euro; Krad/Moped: 1 Euro

Campingplatz Pirk

✉ Am Strand 4, 08606 Taltitz,
✆ 037421/2 88 86

An die kleinere Talsperre Pirk zieht es vor allem Einheimische. Direkt an der Autobahn A 72 gelegen, lockt der See aber auch viele zufällige Gäste, die das breit gefächerte Angebot für Sport und Freizeit zu schätzen wissen. Tolle Wanderziele finden sich in der Umgebung, unmittelbar am Ufer steht eine Burgruine.

❒ Preise pro Person und Tag: 3,50 Euro; Kinder (bis 6 Jahre): 1,50 Euro; Kinder (6 bis 16 Jahre): 2,50 Euro; Hund: 2,50 Euro; Wohnwagen/ großes Zelt/Caravan/Sonnenpavillon: 3,50 Euro; Iglu-Zelt: 3 Euro; Auto: 2 Euro; Krad/Moped: 1,50 Euro

Jugendherberge Reusaer Waldhaus

✉ Reusaer Waldhaus 1, 08529 Plauen, ℂ 03741/47 28 11

Die Jugendherberge ist, abgesehen von privater Unterkunft, die unbestritten preiswerteste Möglichkeit, in Plauen ein Bett für die Nacht zu finden. Das Haus liegt ein bisschen versteckt am Rand eines großen Waldstücks im Südosten der Stadt auf einem Hügel, von dort eröffnet sich ein prächtiger Blick auf die Vogtlandmetropole. Das Zentrum ist relativ schnell mit der Straßenbahn zu erreichen.

❒ 74 Betten; Übernachtung mit Frühstück: 12,30 Euro; Halbpension: 16 Euro; Bettwäsche-Verleih: 3 Euro (kus)

Gastronomie

Schon seit jeher sind die Wirtshäuser einer Stadt auch ihr Aushängeschild für Geselligkeit. Nenn' mir deine Kneipe, und ich sage dir, wo du wohnst. Vor 100 Jahren, da war die Plauener Kneipenszene bis zur Lausitz in aller Munde. Die damaligen Saufgelage der Lohnsticker werden heute freilich nicht mehr so kultiviert, man zieht sich in den einst unzähligen Lokalen auch keine Gänsekeulen mehr gegen-

seitig über den Kopf, um die Zeche zu klären. Die Situation ist entspannt und gerade noch überschaubar, was sich auf eine Stadt der Größe Plauens durchaus positiv auswirkt. Angenehme Vielfalt, gute Qualität und freundliche Gemütlichkeit zeichnen die hiesigen Wirtshäuser aus, deren beste Tresen und schönste Biergärten größtenteils im unmittelbaren Zentrum stehen. Wer noch tiefer eintauchen will, dem sei eine Exkursion durch die Eck- und Stammkneipen in den Stadtteilen und die versteckten Schänken der Schrebergärtner empfohlen, welche nicht nur unter Skatspielern als echter Geheimtipp gehandelt werden.

Bierelektrische

✉ Melanchthonstr. 4, 08523 Plauen, ℂ 03741/2 99 00

Plauens einzige fahrende Kneipe hat zwar nur nach Vorbestellung geöffnet, aber dafür ist die Straßenbahn die Attraktion für Gäste und Einheimische schlechthin. Bei einem frisch gezapften Sternquell zeigt sich die Stadt gleich doppelt so schön – auf Wunsch mit Stadtbilderklärung.

Nummer 4

☏ Klosterstr. 4, 08523 Plauen,
✆ 03741/13 01 29

Viel Holz, viele Nischen, viele Geträn-ke – die „Nummer 4" ist der Inbegriff einer deutschen Kneipe, wie sie wohl nur außerhalb der Großstädte zu fin-den ist. Nicht zuletzt ein Verdienst des Wirtes.

Goldener Löwe

☏ Straßberger Str. 14, 08523 Plauen,
✆ 03741/20 29 31

Schon der Name lässt Ehrwürdigkeit vermuten: Die historischen Gemäuer wurden liebevoll restauriert, einge-zogen sind einige alte Hasen der Plauener Thekenwirtschaft. In der Summe macht das den „Goldenen Löwen" und seine zünftige, ab-wechslungsreiche Küche zu einer der beliebtesten Schänken in der Altstadt.

mañana

☏ Dobenaustr. 5, 08523 Plauen,
✆ 03741/22 70 40

Das „mañana" ist auf dem besten Weg, sich als eine Institution des Plauener Nachtlebens zu etablieren. Bar und Restaurant in einem, manchmal auch Tanzclub und immer für eine neue Idee gut, sorgt das angesagte Lokal mit iberisch-südamerikanischem Flair vor allem für die gastronomischen Nuancen: Forrest-Gump-Shrimps, Sushi, Gastköche.

Matsch

☏ Nobelstr. 3–5, 08523 Plauen,
✆ 03741/20 48 07

Das nachweislich älteste Gasthaus Plauens liegt in der Altstadt und sollte dort auch gefunden werden. Drinnen kommt deftige vogtländische Küche zwischen klobigem Gebälk auf die Tische, an denen nur selten ein Platz frei ist. Diese Situation entspannt bei schönem Wetter jedoch der male-rische Biergarten im Hinterhof.

Irish Corner

☏ Rathausstr. 8, 08523 Plauen,
✆ 03741/22 60 00

Malt und Stout im ersten Stock: Der geräumige Pub (zwei Etagen) sorgt im Herzen der Stadt dafür, dass es bis in die Nacht schlägt. Erinnert ein bisschen an ein Achterdeck. Seekrank wird der Gast aber nur vom tapferen Testen der unzähligen Whisky-Sor-ten.

O'Connor's

☏ Herrenstr. 20, 08523 Plauen,
✆ 03741/22 03 88

Einen Steinwurf weiter rinnt das Guinness nicht anders. Das „O'Con-nor's" ist der kleinere der beiden Pubs, dafür einen Tick irischer. Die kräftigen Mahlzeiten erinnern an gute Jahre auf der grünen Insel, die Whisky-Karte scheint dort geschrieben worden zu sein, und dementsprechend gut ist die Stimmung.

Puccini

☏ Straßberger Str. 23, 08523 Plauen,
✆ 0172/345 61 38

In der Cocktail-Bar „Puccini" werden keine Opern gequatscht, wenn es um die Drinks geht – genug zu erzählen gäbe es aber allemal. So ziemlich jeder erdenkliche Longdrink, Cocktail oder sonstige Kehlenverzauberer steht in der Karte. Bonus: ehrwürdige Keller-nischen mit extravagantem Designer-Möbel.

Krokodil

☏ Herrenstr. 16, 08523 Plauen,
✆ 03741/22 37 09

Die Innenstadt-Kneipe mit kunter-buntem Interieur bietet aus ihren riesigen Schaufenstern den wahr-scheinlich besten Blick auf das All-tagstreiben. Deshalb schon tagsüber geöffnet. Nachts richten sich die Blicke eher auf gelegentliche Live-Künstler.

Jedermann's

✉ Forststr. 16, 08523 Plauen,
☎ 03741/20 33 31

Das „Jedermann's" sieht nur von
außen unscheinbar aus, innen ist
die Vielfalt eingezogen. Uriger Party-
keller, sonnige Terrasse, Internet und
LAN. Getränke und Speisen gibt es
natürlich auch, erfreulicherweise zum
vernünftigen Preis.

Cocoon Lounge

✉ Oberer Steinweg 8, 08523 Plauen,
☎ 03741/14 97 44

Die recht edel eingerichtete „Cocoon
Lounge" könnte als Reminiszenz an
jene jungen Menschen aufgefasst
werden, die sich für elektronische
Neuerungen interessieren und dazu
gern Crêpes verspeisen. Nicht sehr
groß, aber eine wichtige Nische: Waf-
felbäckerei mit Internet-Surfplätzen.

Pictor

✉ Mückenbergerstr. 12,
08523 Plauen,
☎ 03741/39 47 01

Der gastronomische Außenposten
(kurz vor Neundorf) kommt nicht
nur bei den Bewohnern des Westteils
von Plauen gut an, die sich dort gut
in Rattan-Sesseln sitzend verpflegen
lassen können. Eines der wenigen Lokale, in denen mal nicht Omas halber
Hausrat an den Wänden hängt.

Zur Höhle

✉ Krähenhügelstr. 10, 08525 Plauen,
☎ 03741/52 10 32

Die Erlebniskneipe im Stadtteil Haselbrunn ist so ziemlich jedem Plauener
ein Begriff, wenn auch niemand mehr
Schlange stehen muss, um rein zu kommen. Der Name ist Programm: Knor-
rige Gänge, schummrige Nischen und
ein Museum für antikes Allerlei. Und
irgendwie findet sich dort immer ein
Anlass für ausgelassene Stimmung.

Desperado

✉ Straßberger Str. 58, 08523 Plauen

Die letzte Bastion für Sangria-Eimer
ist vor allem wegen ihres Inhabers eine Institution. Das Desperado entfal-
tet seine strategische Bedeutung erst
nach Mitternacht, wenn die meisten
Theken schon sauber gewischt sind.
Diverse Doppeldecker-Tage und
Themenpartys sorgen für feucht-fröh-
liche Abwechslung.

Rockinger

✉ Walkgasse 7, 08523 Plauen,
☎ 03741/22 82 32

Am mystischen Mühlgraben in
der Altstadt gibt es zum lockeren
Plausch im Biergarten die härteren
Gitarrenriffs aufs Ohr. Deshalb tref-
fen sich da auch oft sachverständige
Musiker, und manchmal geben sie
ein Konzert. Einzigartig ist der
hornalte Felsenkeller – spätestens
dort gerät die Zeit in Vergessenheit.

Wettiner Stuben

✉ Bahnhofstr. 21, 08523 Plauen,
☎ 03741/22 28 88.

Die letzte Kneipe direkt an der Bahnhofstraße setzt auf gutbürgerliche
Küche und die gängige Auswahl
an Getränken. Genau die richtige
Mischung, denn das Interesse der
Gäste gilt im Allgemeinen der dazuge-
hörigen Kegelbahn.

Vogtlandgarten

✉ Neundorfer Str. 10, 08523 Plauen,
☎ 03741/22 88 17

Plauens größter Biergarten residiert
neben der Bibliothek unter mäch-
tigen Kastanien und bietet mit
seinem Pavillon zugleich eine
ausgewachsene Schlechtwetterva-
riante. Zum kühlen Blonden gibt es
verschiedene Imbiss-Gerichte. (kus)

Gerichte rund um „Erdäpfel" – das Kartoffelhaus

Die Plauener gehen gern essen, und sie essen gern gut. Das ist so ein Kapitel für sich. Nicht gleich ein Buch mit sieben Siegeln, aber die letzten und besten Geheimnisse werden in echter vogtländischer Tradition sorgfältig gehütet. Sie wissen wohl des Kenners Gaumen zu verzücken, weiß jener sie in den bisweilen recht umfangreichen Karten zu finden. Doch das ist zum Glück nicht sehr schwer – nahezu jeder Wirt will die Gourmets von sich überzeugen. Das gilt auch für die meisten Kneipen: Goldener Löwe, mañana und Matsch seien stellvertretend genannt. Neben den sehr guten einheimischen Köchen haben sich auch die Kollegen aus dem Ausland längst eingekocht. Das beschert angenehme Vielfalt, die sich auch in der Verpflegung für eilige Hungrige fortsetzt. Nicht zu vergessen die Kaffeehäuser, die schon zu Beginn des 20. Jahrhunderts für Plauen weit über seine Grenzen hinaus warben und sich heute zunehmend erfolgreich bemühen, wieder an die glanzvollen Zeiten anzuknüpfen.

Kartoffelhaus

✉ Neundorfer Str. 23, 08523 Plauen,
✆ 03741/1 52 30

Selbst Kenner der „Erdäpfel" können sich noch auf die eine oder andere Neuheit gefasst machen, was alles wie aus Kartoffeln gemacht werden kann. Zum rustikalen Hotelrestaurant gehört eine antik eingerichtete Hinterstube mit langer Tafel.

Das Wirtshaus

✉ Theaterstr. 7, 08523 Plauen,
✆ 03741/12 14 42
Viel Holz und ländliche Dekoration markieren das Restaurant im Hotel am Theater, das schon ab Frühstück geöffnet ist. Zuweilen setzen thematische Speisekarten die Akzente der sonst durchweg empfehlenswerten Küche.

Blauer Engel

✉ Alter Teich 9, 08523 Plauen,
✆ 03741/22 01 43
Das Gewölbe sieht schwer nach Mittelalter aus, die Kochkunst mutet modern an und die Rahmenhandlung ist den Goldenen 20-ern entlehnt: Gelegentliches Nostalgiekino zu ausgesuchter Kost.

Tennera

✉ Tennera 22, 08523 Plauen,
✆ 03741/22 67 85
Die ungebrochen beliebte Gaststätte mit herrlichem Biergarten am Stadtpark

wusste schon vor über 100 Jahren zu begeistern. Erstaunlich gute Gerichte und die entspannende Atmosphäre sorgen dafür, dass das auch so bleibt.

Schnitzel-Paradies
✉ Theaterstr. 9, 08523 Plauen,
✆ 03741/22 44 44
Das Schnitzel ist international bekannt und kann daher in allen erdenklichen Variationen zubereitet werden. Am besten die ganze Karte mal durchprobieren, Lieferservice frei Haus.

Schweizerstube
✉ Klostermarkt 4, 08523 Plauen,
✆ 03741/22 00 01
Gute Nachrichten aus dem Ländli: Das Essen schmeckt nach wie vor hervorragend. Ein Käse-Fondue ist sozusagen Pflicht für Erstgäste, am besten in der behaglichen Stube. Neben schweizerischen gibt es auch italienische Spezialitäten.

China Town Zum Prälaten
✉ Bonhoeffer Str. 150, 08525 Plauen,
✆ 03741/52 20 17
Auch außerhalb des Zentrums büßt die asiatische Kochkunst nichts von ihrer Genialität ein. Das Restaurant im Stadtteil Preißelpöhl ist deshalb nicht selten ausgebucht.

Metaxa
✉ Hofer Str. 75, 08523 Plauen,
✆ 03741/22 54 43
Griechisches Restaurant mit Blick auf einen der neuralgischen Verkehrsknotenpunkte Plauens. Entschädigung gewährt die idyllische Lage: Hinter dem Haus beginnt ein hübscher Villenpark mit Teichlandschaft.

Sirtaki
✉ Johanniskirchplatz 4, 08523 Plauen,
✆ 03741/22 22 95
Lebenslust und Gaumenliebe aus Attika: Dort wird der Sirtaki noch richtig zelebriert, bei schönem Wetter auf der Terrasse. Dann noch ein Ouzo zum Blick über die Ost- und Südvorstadt – Griechenland kann nicht viel anders sein.

Taj Mahal
✉ Pausaer Str. 120, 08523 Plauen,
✆ 03741/59 56 06
Die indische Küche ist etwas für Genießer und findet immer mehr Liebhaber. Eine exotische Welt aus Ingwer, Curry und nahezu undenkbaren Gewürzen, Pflicht für Lammfreunde und für Liebespaare sowieso.

Da Claudio
✉ Oberer Steinweg 8, 08523 Plauen,
✆ 03741/22 62 66
Etwas vornehmerer Italiener mit einer

Chinesische Spezialitäten im Prälaten

Celli Pizza

Gaststube im Tanzsaal-Format. Die Küche bemüht sich mit Erfolg um Exklusivität, die Weine sind es auf jeden Fall. Das ideale Ambiente, wenn es mal wieder etwas feiner sein soll.

Chin-Thai

✉ Postplatz 14, 08523 Plauen,
✆ 03741/22 57 66
Die Gastronomie aus dem Reich der Mitte residiert natürlich in der Mitte. Vor allem tagsüber wird das Chin-Thai wegen seiner günstigen Preise und der beliebten Crossover-Küche stark frequentiert.

Celli Pizza

✉ Stresemannstr. 4, 08523 Plauen,
✆ 03741/20 37 30
Eines der zahlreichen türkisch geführten Bistros mit Döner-Bar und Pizza-Holzbackofen. Zuweilen bis spät in die Nacht geöffnet, schneller Lieferservice.

Bella Italia

✉ Friedensstr. 51, 08523 Plauen,
✆ 03741/22 54 54
Zwar kein echter Italiener, aber dafür

treffsicher, was den Geschmack der Gäste betrifft. Hübsches Ristorante mit Wintergarten und Terrasse.

McDonald's

✉ Klostermarkt 12, 08523 Plauen,
✆ 03741/22 43 35
Die bekannte Fast-Food-Kette eröffnete in Plauen ihr erstes Restaurant im Osten Deutschlands. Seine zentrale Lage hat es zum Treffpunkt Nummer eins unter den Jugendlichen gemacht.

Hähnchengrill

✉ Engelstr. 22, 08523 Plauen,
✆ 03741/22 69 65
Ein knuspriger „Broiler" schmeckt immer und kann im „Hähnchengrill" auch sofort mitgenommen werden. Wer das Geflügel in Ruhe verzehren will, findet in der Gaststube Platz.

Ursuppe

✉ Windmühlenstr. 4, 08523 Plauen,
✆ 03741 /0 38 18
Plauens einzige Suppenküche ist kein karitatives Projekt, sondern eine quer durch alle Schichten beliebte Gastro-Nische. Schnell, günstig und auch zum Mitnehmen fürs Büro.

Kolonnaden

Das Einkaufszentrum an der unteren Bahnhofstraße beherbergt eine ganze Imbiss-Palette. Sie reicht vom Fischbistro und der zugehörigen Snackeria über deutsche, asiatische, türkische und Balkan-Küche bis zum Eiscafé Pieschels.
Käse- und Obstspezialitäten runden das Angebot ab, für Müßiggänger hat ein Tresen geöffnet.

Stadtgalerie

Noch umfangreicher ist die Gastronomie in dem neuen Ladenkomplex im Herzen der Stadt. Verschiedene ausländische Garküchen (Vorderasien, Fernost, Nordafrika, Italien) und

43

deutsche Imbiss-Angebote (Bäcker, Metzger, Fisch, Obst- und Saftbar) lassen keinen Magen lange knurren. Dazu kommen ein Eiscafé und eine Filiale der Kaffeehaus-Kette Café Culture.

Pizza-Bistro

✉ Forststr. 25, 08523 Plauen,
✆ 03741/22 25 89
Das hübsche kleine Ristorante macht der italienischen Küche alle Ehre. Innen ist es anheimelnd gemütlich, der kleine Biergarten im Hinterhof aber macht die Sache erst perfekt: Idylle zwischen Weinreben, Zitronenbäumchen und Fassadengemälde.

Theatercafé

✉ Theaterplatz 1, 08523 Plauen,
✆ 03741/27 68 02
Zentraler kann in Plauen niemand seinen Café au lait im Sonnenschein schlürfen. Das Café ist zugleich Restaurant und Treffpunkt bis in die Nacht.

Café Heimweh

✉ Nobelstr. 1, 08523 Plauen,
✆ 03741/14 67 87
Das Café Heimweh ist die folgerichtige Ergänzung zur historischen „Matsch" um die Ecke. Kaffee- grenzt an Biergarten, innen wird mit feudalem Jugendstil und rustikalem Gebälk der Geist der Goldenen 20er beschworen.

Altmarktcafé

✉ Braugäßchen 2, 08523 Plauen,
✆ 03741/22 35 35
Geometrische Moderne trifft handgemauerte Geschichte: Das Café ist auch Galerie und das ideale Lokal für Schöngeister. Urige Kellerräume und pointierte Gastronomie.

Nostalgiecafé Trömel

✉ Klostermarkt 11, 08523 Plauen,
✆ 03741/22 44 77
Der Name des einst berühmtesten Kaffeehauses der Stadt lebt weiter, und auch die alte Atmosphäre wird wieder beschworen. Echte Kaffeekränzchen in traditionsverliebter Umgebung.

Am Nonnenturm

✉ Postplatz 14, 08523 Plauen,
✆ 03741/22 12 80
Das Café der Konditorei Börner bietet hausgemachte Kuchen und Torten, aber auch warme Speisen. Der Clou aber ist die nur zeitweise geöffnete Weinstube im kleinen Turmzimmer.

Cappuccino

✉ Neundorfer Str. 16, 08523 Plauen,
✆ 03741/22 69 17
Das deutsch geführte Eiscafé hat sich längst etabliert und kombiniert südländische Leckereien mit bodenständiger Gastfreundlichkeit.

Nordpol

✉ Gottschaldstr. 2a, 08523 Plauen,
✆ 03741/22 66 39
Das Eiscafé Nordpol unterhalb des Kinos ist eines der wenigen Cafés, die sich auch nach dem Mauerfall behaupten konnten. Sein Geheimnis liegt zweifelsohne im guten Eis.

Café Heinz

✉ Jößnitzer Str. 112, 08525 Plauen,
✆ 03741/52 58 23
Das Café mit hauseigener Eisproduktion und Konditorei ist auch Restaurant des gleichnamigen Hotels. Spezialitäten aus dem Hause Heinz gibt es noch in zwei weiteren Filialen – an der August-Bebel-Straße und an der Hans-Sachs-Straße. (kus)

„Eiszeit" im Nordpol

Kultur/Nachtleben

Für nachtaktive Menschen zählt Plauen vielleicht nicht gerade zu den Epizentren, aber vor hochgeklappten Bürgersteigen versauern höchstens jene, die ihrer Sinne nicht mehr mächtig sind. Es passiert eine ganze Menge, aber das Nachtleben der Vogtländer hat eben auch so seine Eigenheiten, wie etwa die Scheu vor besonders breiter Öffentlichkeit. Und natürlich fehlen Studenten, große Industrie und dergleichen, was die hiesige Jugend aber nicht weiter juckt. Sie sorgt für die frischen Impulse, die oft genug auch auf Dauer gut ankommen und sich zu festen Adressen entwickeln können. Doch Kontinuität ist keine primäre Eigenschaft des Nachtlebens. Wie in jeder anderen Stadt empfiehlt sich das Querlesen von Veranstaltungskalendern und allen möglichen greifbaren Flyern, um die optimale Party herauszufiltern. Mal abgesehen von den ohnehin umtriebigen Wirten: Die Grundversorgung ist garantiert.

Theater Plauen-Zwickau
Theaterplatz, 08523 Plauen,
Besucherservice 03741/281 33 48 32/34,
Kasse 03741/28 13 48 47/48
In dem 1898 errichteten Musentempel sind alle Sparten des Theaters zu Hause. Die Bühne, die sich im Jahr 2000 mit dem Theater in Zwickau zusammenschloss, bietet jedes Jahr aufs Neue ein reichhaltiges Programm mit hohem Unterhaltungswert und Anspruch. Unter dem Dirigat von GMD Dieter-Gerhard Worm erbringt das Orchester – oft vereint mit namhaften Solisten – Spitzenleistungen. Bei Schauspiel und Oper ist nicht allein die Auswahl der Stücke bemerkenswert, sondern auch die Inszenierungen erregt Aufsehen. So wurden bei der Aufführung der Oper „Titanic" nicht nur die Zuschauer, sondern auch weite Teile des Theatergebäudes in die Inszenierung einbezogen.

Malzhaus
Alter Teich 7–9, 08523 Plauen,
03741/15 32 0
Das Malzhaus ist kulturell – nicht wirtschaftlich – ein Gesamtereignis, das über Jahrzehnte gewachsen und tief in der Plauener Seele verwurzelt ist. Es beginnt beim Gemäuer an sich: Die Grundmauern zählen zu den ältesten der Stadt. Unter dem Kreuzgewölbe im Keller steigen allwöchentlich Partys und Konzerte. Auf die Bühne zieht es talentierte Kleinkünstler, bissige Kabarettisten und legendäre Interpreten. In der Open-Air-Saison geben sich Hans Söllner und die nahezu gesamte Korona von Bob Marley die Ehre. Für das Clubkino werden die richtig guten Streifen ausgegraben, und in der Galerie waren schon Werke von Salvador Dalí zu bewundern. Unumstrittenes Highlight ist der jährliche Folkherbst, der für diese Musikszene zu den international bedeutenden Wettstreiten zählt.

Alte Kaffeerösterei
Hans-Sachs-Str. 49, 08525 Plauen,
03741/52 91 88
Die „Röste" ist der etablierte Garant für viel Abwechslung im musikalischen Nachtleben und deshalb besonders bei der Jugend beliebt. Die findet dort nahezu alles nach ihrem Geschmack: HipHop, Drum'n Bass, Reggae, Ska, Independent, 80er Pop, Gothic – zum Beispiel. Dabei überwiegen die Live-Shows, zu denen sogar manche DJ-Nächte gezählt werden können.

Festhalle
Äußere Reichenbacher Str. 4,
08523 Plauen, 03741/43 13 93
In der Plauener Festhalle ist nicht ständig was los, aber wenn, dann meist richtig. Weit über 1000 Menschen passen in den Saal, um Bands wie Motörhead, City oder Die Fantastischen Vier zu feiern. Als Pendant ziehen regelmäßig Messen, Ausstellungen, Tauschbörsen und sonstige Shows aufs Parkett.

Parktheater

Im Sommer zieht es die Plauener in ihren Stadtpark, und seit Jahrzehnten lieben sie die wenigen Konzerte und Shows jeder Saison auf der Parktheater-Bühne. Viele namhafte Bands und Einzelkünstler haben sich dort schon in die Herzen des Publikums gespielt.

Diskothek Prince

Anton-Kraus-Str. 2, 08529 Plauen, 0375/59 71 050

Der Tanztempel im Stadtteil Chrieschwitz läuft seit seiner x-ten Reanimation erstmals gut. Das Programm hält sich dicht an den Trends, ohne dabei bis Sonntagmorgen nur die Charts hoch und runter zu spielen. Black Music und House sind die Domänen der relativ kleinen Disco, die daraus ihre leichte Club-Atmosphäre bezieht. Donnerstags werden die Partys live im Radio übertragen.

Diskothek Trend

Hans-Sachs-Str. 45, 08525 Plauen, 03741/52 76 60

Die erste richtige Disco in der Stadt hat zwar einiges ihrer Popularität eingebüßt, kann mit Mainstream und Evergreens nebst den unverwüstlichen Bagger- und Schaumpartys aber nach wie vor begeistern. Das „Trend" ist ausgestattet mit mehreren Bars, zwei Floors, Snackeria und Spielsalon.

Kaiserlounge

Kaiserstr. 6, 08523 Plauen,

Die einstige Tanzbar hat sich zu einem Club gemausert, in dem die House- und Techno-Fans ihr Domizil zum Feiern gefunden haben. Vor Mitternacht passiert nicht viel, danach bringen die DJ's die Beine zum zappeln.

Capitol Ufa-Palast

Bahnhofstr. 33, 08523 Plauen, 03741/22 40 32

Der Klassiker in Dolby Surround: Über acht Leinwände flimmern täglich die beliebtesten Filme aus Hollywood und anderen Traumfabriken, dazu gibt es Popcorn und Eis. Das alte Kino wurde innen komplett modernisiert und ist seither mit 1156 Plätzen das größte im Vogtland.

Autokino Pöhl

Parkplatz Neudörfel, 08549 Jocketa, 03741/22 61 80

Romantik wie in den guten alten Tagen zieht am Ufer der Talsperre ein, wenn in lauen Sommernächten aktuelle Streifen aus einem alten Bauwagen an die 16 mal 7 Meter große Leinwand projiziert werden. Platz ist für etwa 70 Autos, und an deren HiFi-Anlage liegt es, ob es auch nach großem Kino klingt. Bis nach Plauen sind es nur ein paar Kilometer. (kus)

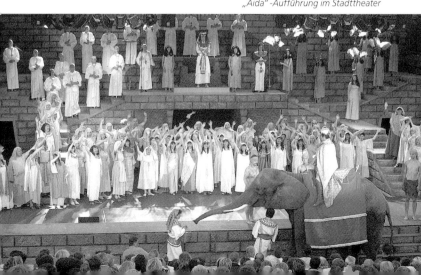

„Aida"-Aufführung im Stadttheater

Einkaufen

Eine gemütlicher Bummel durch die Geschäftsstraßen Plauens rundet einen Besuch der Stadt ab. Plauen bemüht sich mit Erfolg um gute Noten in Sachen Einkaufskultur. Neben großen Shoppingzentren wissen sich viele Einzelhändler zu behaupten, die rechtzeitig eine Nische besetzt und sich längst im Stadtbild etabliert haben. Entlang der Einkaufsachsen Neundorfer- und Bahnhofstraße zwischen Dittrich- und Albertplatz bieten viele Geschäfte ihre Waren feil. Dabei lohnt sich ein wacher Blick in die Seitenstraßen – in jene kleinen Krämerläden, die genau das haben, was man schon seit einer halben Ewigkeit sucht.

Stadtgalerie

Ob's draußen stürmt oder schneit, die im Oktober 2001 eröffnete Stadtgalerie bietet mitten im Zentrum ungetrübten Einkaufsspaß auf etwa 14.000 Quadratmetern. Neben bekannten Handelsketten wie Woolworth, MakroMarkt, Hettlage, Roland Schuhe und Apollo Optik haben sich etliche regionale Gewerbetreibende eingemietet. Insbesondere junge Leute finden dort Fachgeschäfte für Jeans und Streetwear, Schuhe und Unterwäsche.

Kolonnaden

Am unteren Ende der Bahnhofstraße lockt das Einkaufszentrum mit einem guten Mix verschiedener Branchen zum Bummeln auf drei Etagen. Dazu gehören ein Supermarkt und verschiedene Lebensmittelhändler, Sportgeschäft, New Yorker, Bijouterie und Confiserie, Drogerie, Post und Buchhandlung.

Salon Plauener Spitze

Rädelstr. 2, 08523 Plauen,
03741/22 31 55
Edel, exklusiv und garantiert echt. Dort gibt es Plauener Spitze für Mensch und Haus, von klassisch über traditionell bis modern. Die Textilien haben der Stadt einst zu Ruhm

und Reichtum verholfen, und dieser Status hat auch heute noch seinen Preis.

H&M

Postplatz 2, 08523 Plauen,
03741/27 67 51
Das Haus Hennes & Mauritz steht für junge Mode und günstige Preise. Auf zwei Etagen wird vom Baby bis zu den Eltern jeder gut eingekleidet.

Hunkemöller

Postplatz 2, 08523 Plauen,
03741/27 69 78
Mitten im Zentrum und alles für die Frau: Hunkemöller bietet ein umfassendes Sortiment an Unterwäsche und Accessoires, von klassischen Spitzen-Dessous über Sportwäsche bis zum verführerischen Nichts.

Wöhrl

Postplatz 12, 08523 Plauen,
03741/2 09 20
In dem Kaufhaus erwartet die mode- und markenbewussten Kunden auf vier Etagen eine riesige Auswahl. Sortiert nach Herren- und Damenbekleidung, Wäsche, Sportartikeln und Jugendmode. Unmittelbarer Zugang zu Deichmann (Schuhe) und Douglas (Parfümerie).

Jeans Fichtner

Klostermarkt 10, 08523 Plauen,
03741/22 12 97
Große Auswahl an Jeans in allen Farben und Formen und allem, was dazu passt.

Jean Pascale

Bahnhofstr. 23, 08523 Plauen,
03741/2 70 69
Sportliche Marken für sie und ihn. Junge Leute, die Wert auf Qualität legen, finden das richtige Outfit für nahezu jeden Tag.

Bonita

Bahnhofstr. 24, 08523 Plauen,
03741/2 74 60
Die Boutique führt ausschließlich Damenbekleidung. Farblich und stilistisch

lässt sich die dezent geschnittene Markenware gut kombinieren, die vor allem Frauen über 35 anspricht.

Listner Damenmoden

 Nobelstr. 35, 08523 Plauen,
℅ 03741/22 31 30

In dem Fachgeschäft finden reifere Damen ausgesuchte Konfektion. Klassische Schnitte und zeitlose Eleganz bestimmen das Sortiment, die Qualität hat selbstverständlich ihren Preis.

Store

 Stresemannstr. 3, 08523 Plauen,
℅ 03741/22 52 36

Szeneladen für junge Leute: Viele bekannte Labels, schöne Einzelstücke, schrille und günstige Second-Hand-Ware. Außer Oberbekleidung im HipHop-Style, Schuhen und Accessoires bietet der Headshop auch Rauchbedarf und Graf-

fiti-Zubehör. Immer einen Blick Wert ist zudem die Auswahl an CD's und Mixtapes regionaler und internationaler Künstler.

Urban Jungle

 Oberer Steinweg 8, 08523 Plauen,
℅ 03741/20 48 41

Lässig und sportlich: Amerikanische und europäische Marken für Snowboard-Kluft und Straßenrüstung. Außer der großen Klamotten-Abteilung gibt es auch die passenden Sportgeräte inklusive Service.

campMarkt

 Stresemannstr. 20, 08523 Plauen,
℅ 03741/22 06 21;
 Hans-Sachs-Straße, 08525 Plauen,
℅ 03741/52 70 60

Der Laden für alle outdoor-freaks in Plauen. Das Angebot reicht von Wan-

Store

derschuhen über Zeltausrüstung bis zum Zubehör für eine Bootspartie. Im Winter kommen alle Skifahrer und Boarder auf ihre Kosten.

Tee aus aller Welt
📧 Marktstr. 4, 08523 Plauen,
✆ 03741/22 30 07
In diesem atmosphärischen Fachgeschäft scheint die Zeit stehen zu bleiben. Die Auswahl an Spitzentees ist riesig – über 250 Sorten sind ständig im Angebot. Auch an Zubehör scheint nichts zu fehlen: Keramik, Teegedecke, Dekoration, Kandis, Konfekte und Gebäck, Duftwaren und Öle. Sogar Präsentkörbe werden auf Wunsch gepackt.

Terré
📧 Altmarkt 8, 08523 Plauen,
✆ 03741/22 23 80
Hinter der Türschwelle beginnt eine andere Welt. Tücher und Schmuck aus Indien, Schnitzereien und Möbel aus Indonesien, Trommeln aus Afrika und globale Mode. Terré ist zugleich ein Label, das sich auf technoides Kombi-Design, alternative Streetwear und Gothicwear spezialisiert hat. Zum Laden gehört auch die Schneiderei – die fast ausschließlich Wunschklamotten produziert.

Weinhandlung Seeling
📧 Altmarkt 12, 08523 Plauen,
✆ 03741/70 96 86
Ein guter Tropfen findet sich immer in den Regalen, die Weine und Spirituosen stammen aus der ganzen Welt. Das umfangreiche Sortiment aus Übersee und die verschiedenen Delikatessen verleihen dem Geschäft sein Profil.

ambiente K
📧 Klostermarkt 1, 08523 Plauen,
✆ 03741/22 92 92
Wenn es die passende Vase zum Sekretär

Tee aus aller Welt

und schon der Korkenzieher ein Hingucker sein soll – dort gibt es exklusives Design für Büro und die eigenen vier Wände, ausgefallene Accessoires und schöne Dekorationsideen.

Holzkiste

Altmarkt 11, 08523 Plauen,
03741/22 54 91

Der etwas verwinkelte Laden weiß nicht nur kleine Kinder in Begeisterung zu versetzen. Die Holzspielzeuge erinnern zum Teil noch an Großmutters Zeiten, über manche der Artikel aber würde Großmutter selbst staunen.

MediaMarkt

Dürerstr. 30, 08523 Plauen,
03741/70 60

Darf in keiner größeren Stadt fehlen: Der große Fachmarkt bietet auch in Plauen Computer, HiFi Elektronik, Foto- und Videozubehör, Heimelektrik und jede Menge Software.

Gondrom

Rathausstr. 5, 08523 Plauen,
03741/2 00 70

Postkarten und Zeitschriften, Journale und Magazine, Lexika und Romane, Sachbücher und Atlanten. Auf zwei Etagen gibt es jede Menge Druckerzeugnisse – was nicht vorrätig ist, kann meistens bestellt werden.

Neuperts Buchhandlung

Stresemannstr. 15, 08523 Plauen,
03741/22 36 05

Kenner kaufen bei Neupert. Der kleine, bis oben hin vollgestopfte Laden existiert seit mehreren Generationen, wenn auch jetzt an anderem Standort. Das Wissen des Inhabers macht jede Stöberei zum Erlebnis.

Briefmarken und Münzen

Bergstr. 13, 08523 Plauen

Unscheinbar ist der kleine Expertenladen, aber eine lieb gewonnene Anlaufstelle für Philatelisten und Numismatiker. Dort dominiert ganz klar der Rat des Experten, das Angebot wissen vor allem Insider zu schätzen.

Antiquitäten

Straßberger Str. 7, 08523 Plauen,
03741/22 77 70

Der Antikhandel ist dort, wo er hingehört – in der Altstadt. Blech- und Holzspielzeug, alte Puppen, Kaufmannsläden und Eisenbahnen, Möbel und historische Garderobe. In dem Fundus lässt sich's stundenlang nach längst vergessenen Schätzen stöbern.

Auktionshaus Mehlis

Karlstr. 37, 08523 Plauen,
03741/22 10 05

In der aufwändig sanierten Villa kommt regelmäßig unter den Hammer, was kunstsinnige Herzen höher schlägen lässt. Komplette Jugendstil-Wohnzimmer, wertvolle Bilder, zertifizierte Raritäten. Die Versteigerungen sind weit über das Vogtland hinaus bekannt und beliebt. (kus)

Der Sparkassenhamster

Ein Blick in Museen und Galerien

Vogtländische Geschichte, Volkskunde, Plauener Spitze, historische und zeitgenössische Kunst – die Plauener Museumslandschaft hat für viele Interessen etwas zu bieten.

Das Vogtlandmuseum

Das Vogtlandmuseum, Nobelstraße 9/13, besitzt nicht nur reiche Sammlungen zur Regionalgeschichte, auch der Bau selbst ist ein sehenswertes Objekt. Nach fast einem Jahrzehnt mühevoller Restaurierung der aus dem späten 18. Jahrhundert stammenden Museumsgebäude erstrahlen diese heute wieder im Glanz ihrer besten Jahre.

Eine ständige Ausstellung des Regionalmuseums zeichnet die Entwicklung des Vogtlandes von der Ur- und Frühgeschichte, über die deutsche Besiedlung ab dem 12. Jahrhundert bis in die Neuzeit nach. Einst grasten an den Ufern der Weißen Elster tatsächlich Nashorn und Waldelefant, wie die Schau zeigt.

Relikte aus der Stein- und Bronzezeit deuten bereits auf die regelmäßige Anwesenheit von kunstfertigen Menschen in der Region und die spätere Besiedlung hin. Selbst keltische Hinterlassenschaften wurden in Plauens Umgebung gefunden. Die Rekonstruktionen eines Schwertes und weiterer Grabbeigaben können besichtigt werden.

Liebevoll gestaltete Bauernstuben geben Einblick in die Lebensweisen der ländlichen Bevölkerung bis ins 19. Jahrhundert. Sonderausstellungen zeigen Kunst ganz verschiedener Richtungen ebenso wie heimatliches Brauchtum.

Ein Kabinett der Dauerausstellung ist dem Leben und Wirken des Zeichners Erich Ohser gewidmet. Es wurde mit Möbeln und künstlerischen Objekten aus der Hinterlassenschaft des 1944 in Nazi-Haft umgekommenen Künstlers, des Erfinders der Bildergeschichten um Vater und Sohn, ausgestaltet. Diese liebenswerten Geschichten hatte er stets mit e. o. plauen unterzeichnet. Erich Ohsers Sohn Christian stellte die Objekte dem Museum als Dauerleihgabe zur Verfügung.

Eine weitere umfangreiche, ständige Ausstellung eröffnet einen Blick auf das ausgesprochen hohe Niveau bildkünstlerischen Schaffens seit dem letzten Drittel des 19. Jahrhunderts

Konzert im Festsaal des Voglandmuseums

im Vogtland. Die Arbeiten von Malern aus dem Umfeld der ehemaligen Schule für Industrie und Kunst, die bis 1945 bestand, sind ebenso zu sehen wie Bilder von Künstlern aus späterer Zeit. Der Bilderbogen reicht bis in die unmittelbare Gegenwart.

Bei all den sehenswerten Objekten in den Vitrinen und an der Wand sollte man beim Rundgang immer wieder einmal die Augen zur Decke erheben. Reiche Stuckverzierungen lohnen diese Mühe. Auch die Korridore und Treppenhäuser bieten interessante Blickwinkel und -achsen. Die drei so genannten Stilzimmer und der Festsaal geben einen originalen Eindruck von der Wohn- und Feierkultur der wohlhabenden Bürgerschaft vor etwa 200 Jahren.

Die Stuckornamentik des Festsaales schildert in zwölf Bildern den Jahreslauf. Der Flügel in dem Saal soll tatsächlich von der jungen Pianistin Clara Wieck, die später den Komponisten Robert Schumann heiratete, während ihrer Gastspiele in Plauen genutzt worden sein.

All die bewundernswerte Pracht ist dem Wirken Plauener Baumwollhändler zu verdanken. Kaufmann Johann Christoph Baumgärtl ließ von 1787 bis 1789 das Doppelhaus Nummer 9 und 11 errichten. „Fürst von Plauen" wurde er von Zeitgenossen genannt. Zehn Jahre später veranlasste Johann Christian Kanz nebenan den Bau der Nummer 13 – ganz im strengen Stil des Empire gehalten.

Beide Kaufleute waren mit dem Handel von Kattunwaren reich geworden. In ihren Häusern vereinten sie damals Wohn- und Geschäftsräume, selbst für den Einbau des prächtigen Festsaales scheuten sie keinen Aufwand. Sie statteten die Häuser so reich aus, dass sie für den Aufenthalt des großen Napoleon I. angemessen erschienen, der darin auf der Durchreise Quartier nahm. Noch heute trägt ein Gemach den Namen „Napoleon-Zimmer". Sachsenkönig Friedrich August I. erklärte die Gebäude sogar kurzzeitig zu seiner Residenz.

Nach mehreren Besitzerwechseln kaufte die Stadt Plauen 1920 das Doppelhaus 9/11, um darin das Vogtländische Kreismuseum einzurichten. 1923 fand die Eröffnung statt. Gezeigt wurden zuerst die Sammlungen des Plauener Altertumsvereins, gegründet 1873, und der Museumsgesellschaft, gegründet 1894. 1925 gelangte auch das Haus Nummer 13 in städtischen Besitz – ebenso die Sammlungen beider Vereine, die den Grundstock der heutigen Bestände bilden.

Viele Schätze aus den vergangenen Jahrhunderten gelangen nur im Rahmen von Sonderausstellungen ans Licht der Öffentlichkeit. So schlummert in den Magazinen beispielsweise die bedeutendste, etwa 2000 Stück umfassende Sammlung historischer Waffen und Militaria in Westsachsen. Von der Hakenbüchse des Mittelalters bis zur Uniform aus der DDR-Zeit kann die waffen- und militärgeschichtliche Entwicklung dokumentiert werden. Kaum weniger bedeutend erscheinen die Sammlungen von Zinngegenständen und Möbeln.

Auch die gesammelten Zeugnisse vogtländischer Spitzenherstellung und Stickerei können sich sehen lassen, ruhen aber das Jahr über hauptsächlich in den Magazinen.

 Das Vogtlandmuseum, Nobelstraße 9/13, hat geöffnet von Dienstag bis Sonntag, 10 bis 16 Uhr. Führungen sind nach telefonischer Vereinbarung möglich,

℡ 03741/291 24 01.

Das Spitzenmuseum

Das Spitzenmuseum in den historischen Räumen des Alten Rathauses zeichnet mit seiner Dauerausstellung das Werden, die hohe Zeit und den Niedergang der Spitzenindustrie in der Region nach. Schals, Tücher und komplette Kleider zeigen, welch reichhaltigen Spitzenbesatz die Mode einst verlangte. Nicht nur bei Hochzeitsgewändern, sondern um 1900 auch bei Alltags-, speziell Sommerkleidern lässt sich die Freude am verspielten und luftigen Ornament heute noch nachvollziehen. Handarbeiten in Form von Weißstickerei, Venise-Spitze in Nadeltechnik und Klöppelspitze künden von der Kunstfertigkeit, die im Vogtland zu Hause war und ist.

Weiterhin ist zu sehen, wie eine klassische Spitzendecke entsteht. Eine Pantographenstickmaschine, ein Stickautomat und weitere Maschinen zeugen von der ehemaligen Arbeitswelt im Vogtland. Die auf diesen Maschinen hergestellten Produkte können gleichfalls in Augenschein genommen werden: Ätzspitze, Tüllspitze und Applikationen. Das Museum präsentiert zudem Musterbücher aus dieser Zeit – ein ganz besonderer Schatz. Darüber hinaus gibt es ein Informations- und Designzentrum, in dem man nach Voranmeldung zu Studienzwecken Einblick in den Fundus des Museums nehmen kann.

Wechselnde Ausstellungen zeigen unter anderem moderne Kreationen und neue designerische Ansätze. Sehenswert ist auch der Flur des Museums, in dem einige Ausstellungsstücke ihren Platz haben. Der Raum wird von einem ausgesprochen dekorativen gotischen Netzrippengewölbe bekrönt, einer architektonischen Kostbarkeit. Der Museumsshop bietet Plauener Spitzen-Kunst zum Kauf an.

Das Spitzenmuseum im Alten Rathaus

⇨ Das Spitzenmuseum am Altmarkt hat geöffnet Montag bis Freitag 10 bis 17 Uhr, am Sonnabend von 9 bis 14 Uhr. Am Sonntag ist für Reisegruppen nach Vereinbarung geöffnet. ℂ 03741/22 23 55.

Die Schaustickerei

Die Schaustickerei am Obstgartenweg 1 ist nicht ganz einfach. Der Weg lohnt sich aber. Die von einer Beschäftigungsgesellschaft unterhaltene Werkstatt vermittelt die Atmosphäre der Stickereifabrikation während des ersten Drittels des vorigen Jahrhunderts, die sich nur wenig verändert bis in die Neuzeit hielt. In dem schlichten, eingeschossigen Ziegelbau, errichtet 1902, ratterten einst zehn Pantographenstickmaschinen. 1930 wurden die zehn Maschinen verschrottet. Der neue Firmenbesitzer schaffte drei Stickautomaten an, mit denen noch bis 1997, hin und wieder im Zweischichtsystem, gearbeitet wurde. Seitdem können Besucher zuschauen, wie Generationen von Plauenern die weltberühmten, filigranen Spitzen hergestellt haben.
⇨ Die Schaustickerei, Obstgartenweg 1, hat geöffnet Montag bis Sonnabend von 10 bis 17 Uhr. Am Sonntag ist die Besichtigung nach Vereinbarung möglich. ℂ 03741/44 31 87.

Die Malzhausgalerie

Die Galerie im Kultur- und Kommunikationszentrum Malzhaus am Alten Teich zeigt vorwiegend bildende und angewandte Kunst heutiger Zeit. Im Ausstellungsprogramm mischen sich bekannte Namen mit denen junger Künstler, die dort eine ihrer ersten Chancen auf eine öffentlichkeitswirksame Präsentation erhalten. Der bisher größte Erfolg gelang 2000. 10.000 Besucher sahen eine Ausstellung mit grafischer Kunst des spanischen Surrealisten Salvador Dalí. Etwa acht Ausstellungen pro Jahr werden angeboten. In der Auswahl finden sich Künstler aus der Region und aus Sachsen ebenso wie bundesweit Bedeutsames.
Der über mehreren Etagen im Dachgeschoss reichende Galerieraum ist sehenswert. Die offene Balkenkonstruktion des gewaltigen Daches stammt zu großen Teilen aus dem 18. Jahrhundert und wurde mühsam restauriert. Die nicht originale Öffnung der Etagen ist der besseren Nutzbarkeit für Veranstaltungen geschuldet und bietet beeindruckende Durchblicke auf das Gesamtkunstwerk der Zimmerer.
Die Galerie ist ein Kind der Wende. Im September 1990 schlossen sich Kunstfreunde und Künstler, die zuvor keine Öffentlichkeit bekommen konnten, im Verein zusammen. Der Kunstverein Plauen-Vogtland erblickte noch tief unten, unterm Kellergewölbe des Malzhauses, das Licht der Welt. Im September 1995 öffnete die Galerie ihre Pforten – im Obergeschoss.
⇨ Die Galerie im Malzhaus, Alter Teich 7–9, hat geöffnet Dienstag bis Donnerstag und Samstag von 13 bis 18 Uhr, am Freitag von 16 bis 22 Uhr. ℂ 03741/15 32 32.

Galerie e. o. plauen

Die städtische Galerie e. o. plauen zeigt eine ständige Ausstellung zu Leben und Wirken des Zeichners Erich Ohser. Dieser hatte nach einem Berufsverbot durch die Nationalsozialisten für eine Zeitung die Bildergeschichte um die Figuren Vater und Sohn entwickelt. Sie durfte veröffentlicht werden und wurde der größte Erfolg des Zeichners. Nur mit seinem eigenen Namen unterzeichnen durfte er nicht. Er wählte sich dafür e. o. plauen, den Namen der Stadt, in der er aufgewachsen war. Neben der ständigen Schau zeigt die Galerie pro Jahr drei, vier wechselnde Ausstellungen. Vor allem auf dem Gebiet der zeitkritischen Grafik konnte sie in Zusammenarbeit mit der Gesellschaft e. o. plauen ein markantes Profil entwickeln.

➪ Die Galerie e. o. plauen, Bahnhofstraße 36 hat täglich, außer montags, von 13 bis 17 Uhr geöffnet.
✆ 03741/291 23 41.

Akademiegalerie

Der Verein „Initiative Kunstschule – Zentrum für interdisziplinäres Gestalten" zeigt in der Akademiegalerie im Weisbachschen Haus jährlich etwa fünf Ausstellungen mit zeitgenössischer Kunst von beiderseits der deutsch-tschechischen Grenze. Eine enge Kooperation ging der Verein dazu mit der Westböhmischen Universität Pilsen ein. Der Galeriebetrieb ist Teil der Vereinsaktivitäten, die in der Sommerakademie für Studenten aus dem In- und Ausland ihren Höhepunkt finden.

➪ Die Akademiegalerie, Bleichstraße 3, hat geöffnet Montag bis Freitag von 11 bis 17 Uhr, Samstag von 10 bis 13 Uhr, an Sonn- und Feiertagen nach Vereinbarung.
✆ 03741/13 78 10. (lk)

Weitere Museen im Vogtland im Kapitel „Ausflüge in die Umgebung".

Die Malzhausgalerie

Statdtwanderungen

In diesem Kapitel laden Sie Vater und Sohn zu vier Stadtwanderungen ein, die den historischen Bauwerken, Kirchen, Denkmalen und den Parks gewidmet sind. Natürlich lassen sich diese Rundgänge – besonders im Herzen der Stadt – miteinander verbinden.

Historische Bauwerke

Trotz der Katastrophen im vorigen Jahrhundert blieben im Plauener Stadtbild überraschend viele sehenswerte historische Bauwerke erhalten. Besuchern fallen die **Villen** vom Ende des 19. Jahrhunderts auf, die etwas außerhalb des unmittelbaren Zentrums noch hier und da zu finden sind. Auch die vielen liebevoll renovierten Jugendstilfassaden geben einen Eindruck vom einstigen Reichtum der Stadt, der um die Wende zum 20. Jahrhundert seinen Zenit erreichte und gezeigt werden wollte. Bei einem Gang durch das unmittelbare Stadtzentrum lässt sich an einigen Beispielen das wechselvolle Schicksal Plauens ablesen. Der Start empfiehlt sich am **Theaterplatz**, der einen sympathischen Höhepunkt in der Stadtentwicklung markiert. Der 1898 eröffnete Theaterbau gibt das Juwel im Ensemble ab. Der aus Plauen stammende und in Leipzig wirkende Architekt Arwed Roßbach hatte die Pläne geliefert. Im Sinne der italienischen Hochrenaissance entwarf der geschätzte Fachmann einen eleganten Bau, der auch heute noch überzeugt. Die Baukosten beliefen sich damals auf 325.000 Mark, die zu großen Teilen von einem Verein über Spenden aufgebracht wurden.

Auch das repräsentative Gebäude gegenüber, das heute das **Vogtlandkonservatorium „Clara Wieck"** beherbergt, verdient Beachtung. Ursprünglich wurde es als Sitz der königlich sächsischen Steuerbehörde errichtet. Ein Wappen über dem Portal weist darauf hin. Junge Leute, die sich der Musik verschrieben haben, gehen dort ein und aus. Älter als das Theater ist der ausgewogen klassizistische Bau neben dem Musentempel, das Theaterrestaurant. In der so genannten Heynigschen Villa bestand bereits ein Theaterrestaurant, bevor das Theater nebenan erbaut wurde. Später beherbergten die Gasträume die Theaterkantine. Wer der Innenstadt den Rücken kehrt, der Theaterstraße bis zur Dobenaustraße folgt und dieser sich weiter anvertraut, der erreicht nach etwa zehn Minuten ein weiteres überragendes Bauwerk, zumindest vom Tal aus gesehen. Die Friedrich-August-Brücke, **jetzt Friedensbrücke**, besaß bei der Eröffnung 1905 den

Das 1889 eröffnete Theater

Die Friedensbrücke trägt eine Fernverkehrsstraße

Bogen mit der größten Spannweite in der Welt. Und sie ist ausgesprochen standfest, hielt schwersten Bombentreffern am Ende des Zweiten Weltkrieges stand. Obwohl zur Hälfte durchgerissen, konnte das Bauwerk repariert werden und trägt heute eine Fernverkehrsstraße.

Nun wendet man sich wieder der City und dem Theaterplatz zu. Dann empfiehlt sich der weitere Weg den Unteren Graben aufwärts. Das unübersehbare Türmchen mit dem spitzen roten Dach trägt den bezeichnenden Namen **Nonnenturm** und gehört zur mittelalterlichen Stadtbefestigung. Immerhin besitzt es die enorme Wandstärke von zwei Metern. Es entstand etwa zu Beginn des 13. Jahrhunderts. Der Name weist auf ein ehemaliges Nonnenhaus hin. Gegen das wuchtige **Neue Rathaus** oberhalb nimmt sich der Turm der Nonnen allerdings winzig aus. Der Turm, der das Karree zwischen Herren- und Marktstraße

Vogtlandmuseum an der Nobelstraße

krönt, reckt sich 63 Meter in den Himmel. Die Glasfassade ersetzte zu Beginn der 70er Jahre die von einem Bombentreffer im Zweiten Weltkrieg zerstörte Front. Errichtet wurde das Verwaltungsgebäude von 1910, mit einer Unterbrechung während des Ersten Weltkrieges, bis 1922.

Geht man über die Marktstraße um den Komplex herum, so findet man am Altmarkt, an der Rückseite des Neuen Rathauses das **Alte Rathaus** mit dem wunderschönen Renaissancegiebel. Dieser erhielt seine Gestalt nach dem Brand von 1548, dem ein großer Teil der Stadt zum Opfer gefallen war. Die im oberen Teil angebrachte Kunstuhr vom Meister Pukaw aus Hof zeigt die Stunden und Minuten, auch die Mondphasen, zwei bewegliche Löwen, desgleichen eine so genannte wilde Frau und einen ebensolchen Mann.

Etwa 15 Minuten Weg muss man vom Altmarkt aus einplanen, will man ein verkehrstechnisches Pendant zur Friedensbrücke aus dem

Die Weberhäuser am Mühlgraben

Mittelalter und nebenbei einen Dreh- und Angelpunkt der Stadt- und Regionalgeschichte besichtigen. Der Weg lohnt sich. Den Schulberg hinab und über den Neustadtplatz gelangt man zur **Alten Elsterbrücke**. Der Blick zu den Resten des **Schlosses** der Vögte schenkt zuvor eine Ahnung vom Ausgang irdischen Strebens. Der mächtige sechzehneckige Turm auf dem Hradschin genannten Bergsporn und die Mauerreste vermitteln nur eine bescheidene Vorstellung der einstigen Macht und Herrlichkeit der Vögte, die sich als souveräne,

reichsunmittelbare Landesherren verstanden. Die schwärzlichen Ruinen schlummern heute hinter Schloss und Riegel auf dem Gelände der Justizvollzugsanstalt.

Bis 1466 blieb das von Heinrich I. begonnene Schloss Sitz der Vögte. Doch bereits 1430 erlebte es eine der dunkelsten Stunden. Hussiten stürmten das letzte Bollwerk, das Bürger und Adel gehalten hatten, und richteten ein furchtbares Blutbad an. In den folgenden Jahrhunderten mehrfach niedergebrannt und wieder

Die Uhr am Alten Rathaus

aufgebaut, gaben 1945 Luftangriffe dem alten Bau den Rest.

Die unterhalb gelegene Alte Elsterbrücke taucht als „pons lapideus", Steinbrücke, 1244 aus dem Dunkel der Geschichte und erstmals in einem Dokument auf. Damals standen an jedem Ende Brückentürme, an denen der Zoll erhoben wurde. Heute lädt der Platz zur Rast ein. Fahrzeuge überqueren die Weiße Elster ein paar Meter flussaufwärts über eine neue Brücke. Vorbei am denkmalgeschützten **Stadtbad** biegt man über die Pfortenstraße in die Pfortengasse ein. Hat man den Mühlgraben überschritten, öffnet sich der Blick auf die Reste der **ehemaligen Komturei** unterhalb der 1122 geweihten Johanniskirche. Der Orden hatte die Rechte am Gotteshaus 1224 von den Weidaer Vögten übertragen bekommen. Bis zum Zweiten Weltkrieg war das Ordenshaus der Deutschritter intakt.

Die Pfortengasse führt weiter an der Stadtmauer bis zum **Weisbachschen Haus,** ein denkmalgeschütztes barockes Manufakturgebäude. Überquert man den Mühlgraben und betrachtet die restaurierte Schauseite, bekommt man einen kleinen Begriff von der ehemals großen Bedeutung der Kattundruckerei. Seit Beginn der 90er Jahre erhält das bis dahin fast gänzlich verfallene Gebäude eine Verjüngungskur. Heute befindet sich dort unter anderem die Akademiegalerie, die Kunst von beiderseits der deutsch-tschechischen Grenzen zeigt, sowie eine Kultur- und Bildungsinitiative mit der Sommerakademie für Studenten. Einige Schritte weiter, den Mühlgraben abwärts, ducken sich die winzigen **Weberhäuser** unter der Last der Jahrhunderte. Die authentischen Handwerkerwohnungen aus dem 18. Jahrhundert beherbergen heute junge Kunsthandwerkerinnen.

Um den Rundgang zu komplettieren, geht man den Mühlberg aufwärts und nutzt den Durchlass durch die **Stadtmauer** zum **Malzhaus.** Das große, quaderförmig aufgeschichtete Gebäude mit dem roten Ziegeldach ist heute Heimat eines Kultur- und Kommunikationszentrums mit Jah-

resprogramm und renommierter Kunstgalerie. Vorm Haus steht man auf dem Platz, der einst im Dunkel des Mittelalters Plauens Keimzelle war. Die Burg der Grafen von Everstein erhob sich in diesem Winkel. Neue archäologische Grabungen scheinen dies endgültig zu bestätigen. Das Malzhaus selbst und das benachbarte Brauhaus wurden 1726 bis 1730 auf den Resten des alten Baus errichtet. Die brauberechtigten Bürger der Stadt nutzten die Gebäude gemeinschaftlich. Es ist das einzige Ensemble dieser Art, das in Sachsen erhalten blieb.

Wer sich über die Geschichte der Region und Plauens gründlich informieren möchte, der ist im **Vogtlandmuseum** bestens aufgehoben. Vom Topfmarkt findet man über die malerische Gasse zur Straßberger Straße und über die Nobelstraße dahin. Auf halbem Weg, im Geviert zwischen Straßberger und Nobelstraße sowie Oberem Graben, sollte man einen Blick auf Plauens ältestes Wohnquartier mit dem Lokal „Matsch" werfen. Erst seit Mitte der 90er Jahre wandelten sich die verfallenen Häuser an der Stadtmauer zu den jetzigen Schmuckstücken. Die **Patrizierhäuser** Nobelstraße 9 bis 13, die das Vogtlandmuseum beherbergen, sind nicht zu übersehen. Die prächtigen restaurierten Fassaden künden vom einstigen Wohlstand der dort lebenden Baumwollhändler und ihrer Familien. Die Ausstellungen in den Häusern erzählen die Geschichte der Region. Möchte man nach einem Besuch und zum Finale der ausgedehnten Wanderung durch Plauens Gestern und Heute rasten und sich stärken, so empfiehlt sich der Weg zurück zum Tunnel. Oder: Man sucht die gemütlichen Lokale gleich um die Ecke auf, „Matsch" und „Café Heimweh" zum Beispiel. (lk)

Kirchen und Kapellen

Plauens Stadtgeschichte lässt sich in vielen Büchern nachlesen. Wem das zu trocken ist, der kann die Spuren der Geschichte ebenso in Kirchen finden. Zeugnisse der Stadtgründung, der industriellen Blütezeit im 19. und 20. Jahrhundert, des nationalsozialistischen Zerstörungswahns und des Wiederaufbaus – all das spiegelt sich in den Sakralbauten wider. Ebenso deutlich sind Versäumnisse bei der Erhaltung und Sanierung einiger Kulturdenkmale in DDR- und späteren Zeiten zu sehen.

Ende des 19. Jahrhunderts war die Johannisgemeinde das größte Kirchspiel im Königreich Sachsen; 1893 wurde es mit der Gründung von Luther- und Paulusgemeinde aufgeteilt.

Bei der Spurensuche zu beachten: Da es sich in der Mehrzahl um evangelische Kirchen handelt, sind sie nicht ständig geöffnet. Im Zweifelsfall gilt: Gottesdienste besuchen oder beim Pfarramt klingeln!

Johanniskirche

Der Rundgang beginnt am ältesten und im Stadtbild prägnantesten Gotteshaus Plauens, der Johanniskirche, an der es in den vergangenen Jahrhunderten ständig Veränderungen gab. Die erste Kirche wurde dort 1122 geweiht. Sie ging 1224 in den Besitz des Deutschen Ordens über. Es entstand eine neue dreischiffige Pfeilerbasilika mit Querhaus und zwei quadratischen Türmen.

Nach dem Stadtbrand von 1548 erfolgte ein Umbau: Die Kirche ist seitdem eine spätgotische Halle mit Sterngewölbe und eingeschossiger Empore. Im 17. Jahrhundert kamen die barocken Hauben auf

Die Johanniskirche prägt das Stadtbild

die Türme. Der Innenraum wurde bei der Sanierung in den 50er Jahren entscheidend umgestaltet. Das Gotteshaus bekam eine neue Ausstattung: einen spätgotischen, geschnitzten Flügelaltar (um 1500) aus Neustädtel bei Schneeberg und eine barocke Kanzel, deren Haube musizierende Engel auf einer Wolke zeigt. Sie wird auf 1720 datiert. Unterhalb der Johanniskirche sind Reste der Komturei des Deutschen Ordens zu sehen.

Lutherkirche

Wendet man sich zum Altmarkt und läuft am Rathaus entlang, erreicht man die Lutherkirche und damit das zweitälteste Gotteshaus Plauens. 1693 bis 1722 wurde sie als Friedhofskirche errichtet. Wenige Grabsteine außen am Gebäude zeugen heute davon, dass sich dort einst der Friedhof befand. 1813/14, nach der Völkerschlacht bei Leipzig, wurde die Kirche gar als russisches Lazarett genutzt. Die Lutherkirche gilt als bedeutender barocker Zentralbau mit nachgotischen Formen. Schmuckstück ist der wertvolle Altar. Er stand zuerst in der Leipziger Thomaskirche und wurde 1722 von Superintendent Salomon Deyling, der zuvor in Plauen tätig war, der Luthergemeinde geschenkt. Der Mittelschrein zeigt die Beweinung Christi, die beweglichen Flügel an den Seiten Szenen der Passion. Die Reliefs entstanden 1490 bis 1495. Ein Zeugnis jüngeren Datums: Eine Gedenktafel am Eingang zum Rathaus erinnert an die Demonstrationen im Wendeherbst 1989. Als Zeichen des Widerstandes brannten dort wochenlang Kerzen.

Herz-Jesu-Kirche

Wer die Neundorfer Straße stadtauswärts bis zum Arbeitsamt und rechts in die Engel- und Thomas-Mann-Straße geht, gelangt zur Herz-Jesu-Kirche, der einzigen katholischen Kirche Plauens. Die erste Messe feierte man dort 1902. Der Bau wurde nötig, weil in der industriellen Blütezeit Katholiken aus Böhmen, Bayern und Schlesien ins protestantische Plauen zogen. Der Ziegelbau im neoromanischen Stil mit Rundbogenfenster ist basilikal angelegt. Der Turm misst 48 Meter, links sind die Apostel Petrus und Paulus dargestellt. Anfang der 80er Jahre wurde der Innenraum saniert: Auf der Stirnseite der Apsis prangt die Kreuzigungsgruppe, die fünf Bogen der Blendarkaden wurden freigelegt.

Auf dem Weg zur Pauluskirche gibt es Interessantes zu sehen. Lässt man die Herz-Jesu-Kirche hinter sich, überquert die Friedensstraße nach links und biegt rechts in die Engelstraße ab, gelangt man zur **Kapelle der Siebenten-Tags-Adventisten.** Dort stand bis 1938 die jüdische Synagoge, die der Nazimob in der Pogromnacht zum 10. November anzündete. Erst acht Jahre zuvor war das Gebäude, das auch als Gemeindehaus diente, im Bauhaus-Stil errichtet worden. Bis dahin hatten – mit Unterbrechungen – seit 500 Jahren Juden in Plauen gelebt. Heute gibt es keine Gemeinde mehr, nur noch den jüdischen Friedhof am Tannenhof (Besichtigung: 03741/22 98 67).

Zurück zur Friedensstraße, über die Brücke und rechts in die Straße der Deutschen Einheit, steht rechter Hand die **Erlöserkirche der Evangelisch-Methodistischen Gemeinde,** die 1954 geweiht wurde. In dieser Gegend wurden seit 1940 die Juden in verschiedenen Häusern zusammengepfercht. Ein Gedenkstein an der Kirche, Seite Gottschaldstraße, erinnert daran.

Altar der Lutherkirche

Pauluskirche

Wer von der Gottschaldstraße links in die Karlstraße abbiegt, kommt nach wenigen Gehminuten zur Kaiserstraße und sieht rechter Hand die Pauluskirche, einen Klinkerbau. Sie wurde als dritte Kirche Plauens 1897 geweiht. Fensterwände, Portale, Simse und Turmgeschäfte sind aus Elbsandstein. Die Pauluskirche steht wie kaum ein anderes Bauwerk als Symbol für die Zerstörung der Stadt im Zweiten Weltkrieg. Zwar überstand sie die schweren Bombenangriffen am 10. April 1945 mit starken Schäden. Rund um die Kaiserstraße jedoch blieb kaum ein Stein auf dem anderen – nur der Kirchturm ragte aus den Trümmern. Die Gemeinde half beim Wiederaufbau bis zur zweiten Weihe 1957. Die Kirche wirkt nun schlichter: Die früheren seitlichen Treppenhäuser wurden abgerissen, zwei der fünf Chorfenster zugemauert und die Ziegelflächen im Innenraum zugeputzt. Die Chorfenster zeigen den Lebensweg des Apostel Paulus.

Schlendern die Besucher die Jößnitzer und Bahnhofstraße zurück, gelangen sie wieder ins Zentrum. Doch damit ist der kleine Rundgang durch die Plauener Kirchengeschichte noch nicht zu Ende.

Abstecher in die Umgebung

Der Straßberger Straße stadtauswärts folgend, erreicht man nach fünf Autominuten **Straßberg** und damit eine der schönsten und ältesten Kirchen im Vogtland. 1576 ließ sie Patronatsherr Joachim von Reibold bauen. Sie entspricht dem Schlosskirchentypus. Kurios: Über Vorhalle und Rittergutsloge befindet sich über zwei Stockwerke eine Wohnung, die vermutlich nie benutzt wurde. Hörenswert ist die fast original erhaltene Orgel des Adorfers Johann Gottlob Trampeli von 1804.

Ebenfalls ein Kleinod wegen der malerischen Lage: die **Kapelle in Kauschwitz** (B 92 Richtung Syrau, am Plauen-Park links nach Kauschwitz, der Hauptstraße folgen). Sie entstand auf Grundlage einer mittelalterlichen Wasserburg. 1763/64 wurde der Wehrturm zur Kapelle.

Kunstschätze beherbergt die **Jößnitzer Kirche**, zu der man über die Seumestraße gelangt. In dem Saalbau von 1755 hängt ein Ölgemälde aus der Werkstatt Lukas Cranach d. Ä., um 1510, das den Kampf des Heiligen Georg mit dem Drachen zeigt. Auch sehenswert: die hölzerne Taufe, die der Plauener Maler Benedikt Richter 1598 schuf. Einer der wenigen Flügelaltäre im Vogtland steht in der Kirche von **Steinsdorf** – einem Ortsteil von Jößnitz. Der Schnitzaltar von 1497 ist das früheste Werk des Zwickauers Peter Breuer, einem Schüler Tilman Riemenschneiders.

Wer Lust auf die Gegenwart verspürt, dem sei die **Versöhnungskirche** am Friesenweg im Neubaugebiet Chrieschwitzer Hang empfohlen (Straßenbahn 3 und 6 bis Waldfrieden). Sie ist die jüngste Kirche der Stadt, 1994 geweiht. Unbedingt zu erwähnen ist auch die **Markuskirche** (Straßenbahn 1 und 4, Haltestelle Morgenbergstraße). Sie wurde 1913 im neubyzantinischen Stil erbaut. Nach 1945 zog man in das 19 Meter hohe Kirchenschiff in Emporenhöhe eine Decke ein. So entstand ein Gemeindezentrum. Demnächst soll die Kirche saniert werden. Die Markusgemeinde gilt als eine der Stätten, in denen sich 1989 der Protest gegen die SED-Herrschaft sammelte. (kh)

Die romantisch gelegene Kapelle in Kauschwitz

Auf Kunstpfaden

In Plauen liegt (und steht) die Kunst quasi auf der Straße. Über 60 bildhauerische Werke weist allein eine von der Verwaltung geführte Liste für das Stadtgebiet aus.

Schon bei der Anreise mit der Eisenbahn eröffnet sich in der Halle des Oberen Bahnhofes der Blick auf ein Kunstwerk im für die frühere DDR typischen Repräsentationsstil. Die von Walter Rahm und Martin Schmidt 1974 gefertigte Kupferplatte trägt den Titel **„Die Stadt Plauen und ihre Bürger".**

Der Obere Bahnhof eignet sich gut als Ausgangspunkt einer Wanderung zu alten und neuen Kunstobjekten in Plauen. Angesichts der Fülle der Möglichkeiten empfiehlt sich eine Auswahl nach persönlichem Geschmack.

Vom Bahnhofsvorplatz ist der **Aussichtsturm** zu sehen, der den Bärenstein ziert. Dieser gibt die Richtung zur ersten Station vor. Über die Wendeltreppen neben den Haltestellen der Straßenbahn lässt sich der Hügel bequem ersteigen. Die erste Begegnung macht mit dem **„Aufsteigenden"** des international geschätzten Bildhauers Fritz Cremer (1906–1993) bekannt.

Kraftvoll erhebt sich die Figur über die Stadt. Ein Arm weist zu den Sternen. Plauener Betriebe hatten 1967 den 2,96 Meter hohen Bronzeguss ermöglicht. Sie widmeten das Werk „den um ihre Freiheit kämpfenden Völkern". Nebenbei bietet der Standort einen schönen Blick über die Dächer Plauens.

Der Plauener Bildhauer Johannes Schulze gesellte dem Bronzenen 1981 einen in sich gekehrten hölzernen **„Aufsteigenden"** zu. Ein paar Meter weiter erinnert eine hohe stählerne Stele, die einen Kometen mit Schweif zeigt, an den Astronomen Georg Samuel **Dörffel**. Der Plauener Bildhauer Rolf Magerkord hatte das Werk 1988 realisiert.

Das Dörffel-Denkmal am Bärenstein

Vater und Sohn stehen vor der Galerie „e. o. plauen"

Je nachdem, wie gut man zu Fuß ist, empfiehlt sich der Weg die Bahnhofstraße hinab per pedes oder mit der Straßenbahn. Sehenswert in der Bahnhofsunterführung: Um die Säulen, die die Decke tragen, ranken **Metallstrukturen**, die vom Plauener Designer Klaus Helbig entworfen wurden.

Rund um den Albertplatz findet sich eine ganze Reihe interessanter Skulpturen. Unübersehbar im Zentrum des Areals geht der **„Befreite Mensch"** seinen Weg. Die Bronzearbeit stammt von Johannes Schulze und wurde 1985 aufgestellt. Oberhalb – in Richtung Bahnhof – findet sich die **steinerne Liegende** von Harald Stephan. Die robusten Glieder deuten auf die Entstehungszeit in den 80er Jahren. Weiter unten bewohnt ein **Pelikan**, den Edmund Schorisch 1970 geschaffen hat, eine Grünanlage mit Brunnen.

Wenige Schritte entfernt beginnt die Straße der Skulpturen. Diese alle halben Jahre wechselnd belegte **Freiluftgalerie** zeigt seit 1999 bis hinunter zum Postplatz zeitgenössische Kunst.

Auf halber Höhe hüpfen Erich Ohsers Figuren **Vater und Sohn** fröhlich über Buchseiten. Erik Seidel schuf die Bronze, die seit 1995 auf die dortige Galerie „e. o. plauen" hinweist.

Unten angekommen, fällt der Blick auf die aus hellem Stein geformte **„Daphne"**. Rolf Magerkord hatte 1986 den antiken Mythos um die Nymphe auf der Flucht interpretiert. Die gewaltigen, runden Formen regen Passanten seitdem zu Gesprächen übers Wesen moderner Kunst an, wie man beobachten kann. Kinder schätzen den spielerischen Wert und erklettern gern die Liegende.

Der weitere Weg führt den Unteren Graben bergauf. Auf halber Höhe: **Drei Klatschbasen**, geschaffen 1988 von Volker Beier, die mit sich selbst beschäftigt scheinen. **„Begegnung"**, eine 1994 gefertigte Arbeit aus Edelstahl von Hannes Schulze, blitzt in der Sonne. Gegenüber blickt Dichter Julius Mosen von hoher Säule. 1888 hatte Gustav Kietz die Büste in Bronze gegossen.

Weiter geht's auf der Herrenstraße, am Neuen Rathaus vorbei auf den Altmarkt. An der Ecke zum Renaissance-Rathaus blickt ein gerüsteter Held vom hohen Gesims herab. **Heinrich von Plauen**, ein braver Ritter und Hochmeister des Deutschen Ordens, rettete einst nach verlorener Schlacht die Reste des Heeres. Dafür schuf ihm Selmar Werner 1922 dieses steinerne Denkmal.

Vom Oberen Steinweg hinab zum Unteren Steinweg begegnen wir einer anders gearteten Heldin. **„De Neideiteln"** verdankt ihre Geburt dem Einfallsreichtum Plauener Journalisten, die zu Beginn des vorigen Jahrhunderts dieser fiktiven Marktfrau allerlei derbe Wahrheiten in den Mund legten. Hannes Schulze hatte sie 1993 mit in die Seiten gestemmten Armen als resolutes Original in Bronze verewigt.

Zurückgekehrt auf den Altmarkt, sollte man die Schritte zur Johanniskirche lenken, die beiden markanten Türme geben die Richtung vor, und von dort weiter hinab auf den Neustadtplatz. Bis zu den Bombenangriffen am Ende des Zweiten Weltkrieges säumten mehrstöckige Gebäude diesen Platz. Jetzt fängt einzig das Ensemble **„Georg mit dem Drachen"** auf weiter Wiese den Blick. Das Denkmal war den im Ersten Weltkrieg gefallenen Justizangestellten gewidmet. Die von Hermann Keß geschaffene Reiterfigur entstand 1928.

„Begegnung" bei Nacht

Ein paar Schritte weiter, am Ufer der Weißen Elster, leuchtet ein Denkmal mit friedlicherem Wesen. Die Nachbildung der einst am Zugang zur alten Elsterbrücke stehenden **Postmeilensäule** erinnert an Adam Friedrich Zürner, der solche Säulen ab 1721 im Auftrag des Kurfürsten August des Starken in ganz Sachsen aufstellen ließ. Einst befand sich nicht weit davon, auf dem Neustadtplatz, eine Poststation, von der keine Spur geblieben ist. Auch die Steine des Nachfolgebaus an der Bahnhofstraße wurden Opfer der Zeit. Selbst das spätere repräsentative Postgebäude, das dem umliegenden Platz den Namen gab, steht heute leer. Die heutige Postfiliale fand in den Kolonnaden Platz.

Zurück zum Altmarkt und in die Straßberger Straße. Von dort führt links ein Gässchen zum Alten Teich, Plauens ältestem Platz. Rechter Hand fällt der Blick auf das Brauhaus und dahinter auf das Malzhaus. In einer Ecke, leicht zu übersehen, fand das **„Ökologische Schafott"** des Hofer Künstlers

Postmeilensäule

Plauens grüne Lungen

Die Lage im Elster- und Syratal verschafft Plauen eine Besonderheit: An den Hängen dringt der Wald bis weit in die Stadt vor. Wer das Plauener Umland erkunden will, kann diese Täler als Ausgangspunkte nutzen. Aber sie bieten sich auch sehr gut als Etappen für einen Rundgang durch die grünen Lungen der Stadt an. Wem etwa zwei Stunden im leichten Wanderschritt nicht zu viel sind, kann entdecken, warum Plauen nicht nur den Beinamen Spitzenstadt, sondern auch den einer Lindenstadt tragen könnte.

Start zur Wanderung ist die **100-jährige Linde** beim alten Stadtbad an der Weißen Elster. Mit 330 Metern über Normal Null bildet das Flussbett den tiefsten Punkt Plauens. Der Wasserlauf ist von großer Bedeutung für das Klima der Stadt, weil das Elstertal eine Frischluftschneise bildet, die fast mit der Hauptwindrichtung (Südwest Richtung Nordost) übereinstimmt.

Gegen die Elsterströmung und gegen den Wind läuft man am 1898 begradigten Ufer zur Gösselbrücke. **Kastanienbäume** stehen Spalier, in der Elster suchen Enten nach Futter. Von der Brücke führt der Weg über die Böhlerstraße am Garten des Weisbachschen Hauses vorbei zum Mühlgraben. Riesige Blutbuchen, Birken und andere Bäume lassen kaum noch erahnen, dass dort früher die Elster floss.

Von einem Graben an einer „oberen Mühle" berichtet bereits die älteste schriftliche Quelle über die Stadt von 1122. Überquert man den Mühlgraben an der Brücke beim Weisbachschen Haus, und geht an den Gärten vorbei in Richtung Johanniskirche, befindet man sich an der **Rähme**. Diesen Namen trägt der heute zum Teil mit Gärten

Klaus Eckert seinen Platz. Die Arbeit kam 1991 nach dem Freitod des Künstlers als Dauerleihgabe nach Plauen. Einer ebenso traurigen Tatsache verdankt die Schiefertafel neben dem Eingang zum Kulturzentrum Malzhaus ihre Existenz. Deutsch-Rocker Rio Reiser gab dort am 24. Mai 1996 sein letztes öffentliches Konzert.

Geht man durch das überbaute Tor und die Pforte in der Stadtmauer auf den Schulberg und hoch zum Straßberger-Tor-Platz, so trifft man den **Blumme-August**, ein Plauener Original, von Johannes Schulze 2000 in Bronze verewigt. Heinrich Wagerl verkaufte einst auf Plauens Straßen Blumen und war 1918 im heutigen Ortsteil Kauschwitz gestorben.

Ein guter Moment, sich zurück ins Stadtzentrum zu wenden und ein Café aufzusuchen.

Die Plauener Ortsteile haben ebenfalls sehenswerte Kunstwerke zu bieten. (lk)

belegte Hang, weil dort früher die Tuchmacher Stoffe zum Bleichen und Trocknen auf hölzerne Rahmen spannten. Für Kleingärten ist der Flecken sehr gut geeignet – er wird lange von der Sonne beschienen und sorgt so für reichlich Obst und Gemüse.

Neben der Johanniskirche steht eine Linde, die Hofer und Plauener Bürger am 3. Oktober 1990 zur Erinnerung an den Neubeginn gepflanzt haben. Über Altmarkt und Herrenstraße geht es zum **Park an der Lutherkirche**. Dort spenden vor allem Eichen und Linden Schatten, die die Luftangriffe des Zweiten Weltkrieges überstanden haben. Die Fläche bildet einen grünen Lungenflügel des Zentrums. Bänke laden zur Rast ein.

Zur natürlichen Ausstattung Plauens gehörten auch Erze und Minerale, deshalb bietet sich bei dem Rundgang ein Abstecher ins **Besucherbergwerk „Ewiges Leben"** an. Es ist über Postplatz und Reichsstraße zu erreichen. 1542 hatten zwei Marienberger Bergleute dort begonnen, Alaunschiefer abzubauen. Das gewonnene Alaun wurde zum Bleichen von Tuchen verwendet. Heute sind 300 der einst etwa 560 Meter langen Grube, die im Zweiten Weltkrieg als Luftschutzanlage diente, zugänglich.

Alaunbergwerk „Ewiges Leben"

➤ Öffnungszeiten: Nach telefonischer Vorbestellung zwischen 7 und 9 oder nach 18 Uhr: ✆ 03741/22 39 15, 03741/52 94 26, 03744/25 05 19.

Träger: „Vogtländischer Bergknappenveien Plauen e.V.", Gert Müller,

✉ 08525 Plauen, Bonhoefferstraße 140, ✆ 03741/52 94 26, 03744/25 05 19, www.plauen.de/tourist/alaunbgw.htm

Wieder am Tageslicht, geht es zum **Albertplatz**, zu DDR-Zeiten Platz der Roten Armee. Dieser Platz galt früher als der repräsentativste Plauens. Von einem Kriegerdenkmal im Zentrum und überlebensgroßen Statuen mehrerer Politiker ließ der Zweite Weltkrieg nichts übrig. Bis 1983 erhielt der Platz sein heutiges Gesicht. Neben Rhododendren wachsen verschiedene Ahorn-Sträucher, Eichenarten sowie Winter-Linden.

Am Albertplatz ist noch nicht der höchste Punkt der Wanderung erreicht. An der Bahnhofstraße entlang führt der Weg zum 432 Meter hohen **Bärenstein**. Der dort stehende, bis zur Spitze 35 Meter hohe Aussichtsturm wurde im September 1997 eröffnet. Von der Aussichtsplattform legt sich dem Betrachter die Stadt zu Füßen. Der Bärenstein ist eine der für das Vogtland typischen Diabas-Grünstein-Kuppen. Auf dem unfruchtbaren, einst kahlen Fels wuchsen in der zweiten Hälfte des 19. Jahrhunderts Kiefern. Die 1883/84 gepflanzten Gehölze wurden im Krieg zerstört, Brennholzmangel nach 1945 gab ihnen den Rest. Ab 1974 wurden auf dem verwilderten Bärenstein neue Wege angelegt. Heute dominieren Ahorn-, Eichen- und Buchenarten, Linden und Robinien.

Bergab über die Kuntzestraße ist der **Stadtpark** zu erreichen. Das 28 Hektar große Gelände wurde 1905 bis 1910 angelegt. Neben dem Bestand zahlreicher Laub- und Nadelbäume gibt es im Park große freie Flächen, die sich im Sommer in prachtvoll blühende Wiesen verwandeln. Der 1,2 Hektar große Teich entstand durch die Verbindung zweier kleinerer Teiche. Nachdem die Bombentrichter aufgefüllt waren, wurde der westliche Teil des Parks an der Kauschwitzer Straße bis 1974 umgestaltet. Im Parktheater wurde das Plauener Stadtfest – das Spitzenfest – gefeiert. Nach dem Umzug des Festtreibens ins Stadtzentrum finden auf der Bühne nun Konzerte statt.

Die Rähme mit dem Malzhaus

Vielleicht nach einer Rast in einer der Gaststätten im Park geht es nun über die Dobenaustraße zurück ins Stadtzentrum. Oder aber es schließt sich eine Wanderung ins **romantische Syratal** an. Der Bach schlängelt sich – flankiert von Felsformationen – in landschaftlich geschützten Auen mit Erlen- und Weidenbestand dahin. An den Hängen wächst der für Diabasgestein typische Laubwald. Später durchschreitet man die Syratalbrücke, bevor man an die ersten Gartenanlagen kommt. Die Syra verabschiedet sich nahe der Hainstraße, um den letzten Teil ihres Weges bis zur Mündung in die Elster fast durchweg unterirdisch fortzusetzen.

Am Ende der Runde wartet auf die Wanderer eine Besonderheit: die größte mit elektrischen Oberleitungen betriebene Parkeisenbahn Deutschlands. Sie dreht ihre Runden seit 1959, ihr Bau wurde damals mit der Hilfe vieler Freiwilliger ermöglicht. Wie eng die Plauener mit ihrer Parkeisenbahn verbunden sind, zeigen die 17.545 Unterschriften, mit denen sie sich 1997 für

den Erhalt der Bahn einsetzten. Die fünf Triebfahrzeuge stammen aus dem Bestand der Wismut und fuhren zum Teil unter Tage. Die einen Kilometer lange Fahrt am Landschaftsschutzgebiet Syratal ist ein schöner Abschluss des Ausflugs ins Plauener Grün.

Parkeisenbahn

➤ Fahrzeiten: Von Ende März bis zum letzten Sonntag im Oktober. Dienstag bis Freitag: 14 bis 17 Uhr, Samstag (auch in den Ferien) 13 bis 17 Uhr, Sonntag/Feiertage Sachsen/Ferien in Sachsen 9.30 bis 12 und 13 bis 17 Uhr. „Parkeisenbahn Syratal" ✉ 08523 Plauen, Hainstraße 10, ✆ 03741/22 56 01, www.plauen.de/kultur/index.htm

Die Stadt hat noch viel mehr Natur zu bieten: Der Stadtwald im Norden Plauens, an dessen Rand das Freibad Haselbrunn, das Vogtlandstadion und der Sportpark Plauen zu finden sind; der Kemmler mit seinem Turm im Süden der Stadt. Die Wälder sind allesamt schöne Ausgangspunkte für Ausflüge in die Plauener Umgebung. (lh)

Der Park an der Lutherkirche

Entspannen am Stadtparkteich

bis Plauen 100 km

Erfurt

Weimar
bis Plauen
120 km

Jena

Gera
bis Plauen 55 km

Dresden
bis Plauen 140 km

Chemnitz
bis Plauen 75 km

Rudolstadt

Zwickau
bis Plauen 45 km

Teplice

Saalfeld

Plauen

Most

Coburg

Hof
bis Plauen
30 km

Karlovy Vary

Cheb

Kulmbach

Bayreuth
bis Plauen
80 km

Tachov

Plzen

mberg

Weiden

Erlangen

Amberg

Nürnberg
bis Plauen 170 km

Stad

Wolfsbergweg

ratal
ücke

Kopernikusstraße

Raabstr.

Herrmann-
platz

Rosa-
Luxemburg-
Platz

Neundorfer Str

knecht-Straße

Ste

em Seehaus

❶ Klostermarkt

❻ Johanniskirche

❷ Malzhaus

❼ Lutherkirche

❸ Vogtlandmuseum

❽ Herz-Jesu-Kirche

❹ Friedensbrücke

❾ Erlöserkirche

❺ Alaunbergwerk

❿ Pauluskirche

Rundgang zu den Kirchen

Rundgang zu den Kunstwerken
auf Plauens Straßen und Plätzen

Rundgang zu historischen
Gebäuden Plauens

Rundgang zu den Grünanlagen

Straßberger Str

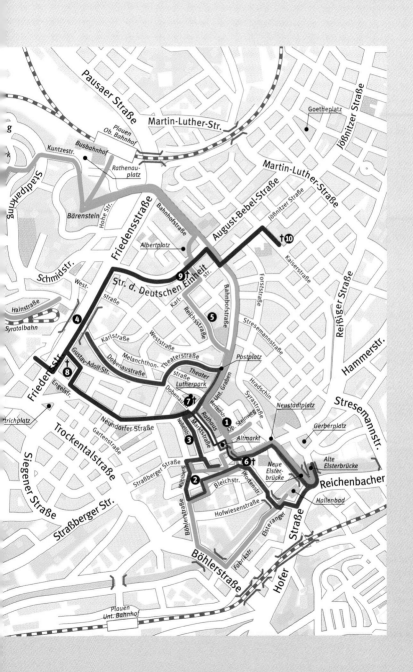

Göltzschtalbrücke

Musikinstrumenten-Museum Markneukirchen im Paulusschlösschen

Ausflugsziele in Plauens Umgebung

Die Plauener Umgebung hat viele reizvolle Reiseziele zu bieten. Deshalb waren Vater und Sohn unterwegs, um Sehenswürdigkeiten der Region zu erkunden. Eine Auswahl stellen sie nun vor.

Im landschaftlich reizvollen Vogtland kommen sowohl kulturell interessierte als auch sportbegeisterte Menschen auf ihre Kosten. Einen guten Überblick über die Region bietet die Adorfer Miniaturschauanlage **Klein-Vogtland**. Dort kann sich der Besucher anhand von 51 in den Maßstäben 1:25 oder 1:100 nachgebauten Brücken, Häusern und Türmen in aller Ruhe aussuchen, welches Bauwerk er sich im Maßstab 1:1 anschauen möchte. Die Freiluftschau besticht vor allem durch die originalgetreue Gestaltung. Jedes Detail, von den Blumenkästen bis zur Türverzierung, ist sauber herausgearbeitet. Der filigranen Anlage angepasst ist deren Pflege: Das Gras neben den Gebäuden wird mit der Schere gekürzt. Der zur Miniaturschau gehörende botanische Garten mit etwa 10.000 Pflanzen aus den Gebirgsregionen der Erde rundet das Freiluft-Angebot ab.

Adorf ist aber noch aus einem weiteren Grund sehenswert. Im einzigen im Vogtland erhaltenen Stadttor befindet sich das einzige deutsche Perlmutt-Museum. Die Adorfer verarbeiteten früher die Schalen der vor 150 Jahren noch reichlich in der Weißen Elster und deren Zuflüssen vorkommenden Flussperlmu-

scheln, später von Muscheln aus allen Weltmeeren. Im Museum sind etwa 700 vorwiegend aus vogtländischer Produktion stammende Stücke zu sehen. Neben Informationen zu dem seltenen Gewerbe gibt es Auskünfte über die Perlenfischerei und die Biologie der Perlmuschel. Tierschützer aus Sachsen, Böhmen und Bayern kämpfen heute darum, dass diese Tierart nicht ausstirbt.

Klein-Vogtland

➤ Öffnungszeiten: Von April bis Oktober täglich von 10 bis 18 Uhr.
■ Information:
Waldbadstr. 7, 08626 Adorf,
✆ 037423/4 80 60.

Museum Adorf

➤ Öffnungszeiten: Dienstag bis Freitag 9 bis 12 und 13 bis 17 Uhr, Samstag: 10 bis 12 und 13 bis 16 Uhr, Sonn- und Feiertage: 13 bis 16 Uhr.
■ Information:
Freiberger Tor, 08626 Adorf,
✆ 037423/22 47.

Weiter in Richtung Tschechien liegen die Kurorte **Bad Elster** und **Bad Brambach**. Die sächsischen Staatsbäder laden Tagestouristen zum Verweilen in den gepflegten Grünanlagen oder zum Spazieren in der landschaftlich reizvollen Umgebung ein. Wer möchte, kann bei einer Tasse Kaffee den Blick auf gepflegte Parks und promenierende Kurgäste genießen

Sternwarte Rodewisch

Die Wandelhalle im Kurpark von Bad Elster

Blick vom Aschberg nach Klingenthal (links)

oder der Musik der Chursächsischen Philharmonie lauschen. Im Mai ist ein Besuch in Bad Elster geradezu Pflicht, kann sich doch das Auge an der Blütenpracht vieler verschiedener Rhododendron-Gehölze erfreuen.

In beiden Orten können Gäste das Heilwasser kosten. Neben den traditionellen Kuranwendungen wird heute in Bad Brambach und Bad Elster Wellness groß geschrieben. Nach der Wende blühten die traditionsreichen Bäder wieder auf. In Bad Elster wurde bereits 1848 die erste offizielle Badesaison im Königlich Sächsischen Staatsbad Elster eröffnet. Das erste Kurhaus im Nachbarbad Brambach gab es 1912. In dem Ort entspringt die Quelle mit dem weltweit höchsten Radongehalt. Informationen zu Pauschalkuren erteilen die Servicestellen. Außerdem laden in beiden Bädern hervorragende Badelandschaften zum Ausspannen ein.

■ Information: **Gästeservice Bad Elster**, Badstraße 6, 08645 Bad Elster, ℂ 037437/7 11 11, www.bad-elster.de
■ Information:
Gästeservice Bad Brambach, Badstraße 47, 08648 Bad Brambach, ℂ 037438/8 81 11, www.bad-brambach.de

Zwischen Bad Elster und Bad Brambach lockt ein Wegweiser zum **Vogtländischen Freiluftmuseum Landwüst**. Die Anlage wurde am 5. Mai 1968 eröffnet. Das Besondere an dieser aus 16 Gebäuden bestehenden Schau: Die meisten Häuser standen schon immer dort und wurden nach dem Freiziehen ins Museum einbezogen. Die Häuser sind in die Struktur des Dorfes integriert und vermitteln einen lebendigen Eindruck vom ländlichen Leben vor 100 Jahren. Dies wird durch die malerische Lage, bewirtschaftete Beete, Kräutergärten und Hühner, die durchs Museum laufen, verstärkt. Einmalig ist auch die Ausstattung der Gebäude. In den Zimmern stehen noch originale Einrichtungsgegenstände, die von den einstigen Besitzern genutzt wurden. Im Sommerhalbjahr finden an den Wochenenden im Museum Musikveranstaltungen und Thementage wie der Imker- und der Kräutertag statt.

➤ Öffnungszeiten: Dienstag bis Sonntag: 10 bis 17 Uhr.

■ Information: **Vogtländisches Freilichtmuseum Landwüst**, Rohrbacher Str. 4, 08258 Landwüst, ℂ 037422/21 36, www.vogtland-kultur.de

Modell im Adorfer Klein-Vogtland

Fachwerkgiebel im Vogtländischen Freilichtmuseum Landwüst

Eine zweite Freiluftausstellung, die Eindrücke vom dörflichen Leben im Vogtland vermittelt, ist das **Freilichtmuseum Eubabrunn**. Im Unterschied zum Museum in Landwüst wurden die meisten der aus allen Teilen des Vogtlands stammenden historischen Gebäude nach Eubabrunn umgesetzt. ➤ Öffnungszeiten: Dienstag bis Sonntag 10 bis 17 Uhr

■ Information: **1. Förderverein Vogtländisches Freilichtmuseum** Rathaus, Klingenthaler Straße 1, 08265 Erlbach, ☏ 037422/65 36.

Im oberen Vogtland können sich Gäste mit der einmaligen Geschichte des Instrumentenbaus vertraut machen. Am 6. März 1677 gründeten in Markneukirchen zwölf Geigenmacher aus Böhmen die erste deutsche Geigenmacherinnung. Dies führte zu einer in Deutschland einmaligen Entwicklung. Ende des 19. Jahrhunderts richteten die USA in Markneukirchen ein Honorarkonsulat nur zum Ankauf von Musikinstrumenten ein. Bundesinnungsmeister Johann Scholtz bezeichnet heute die Vielfalt

Museum Markneukirchen

der im Musikwinkel hergestellten Instrumente als deutschlandweit einmalig. Einen Überblick über die Geschichte des vogtländischen Instrumentenbaus erhalten Gäste im **Musikinstrumenten-Museum Markneukirchen**. Das Museum präsentiert hinter der dekorativen Fassade des Paulusschlösschens über 1.300 Instrumente in tadellosem Zustand. Besonders zu empfehlen: Die originalgetreu nachgestellte Geigenmacher-Werkstatt und die Abteilung mit über 250 Instrumenten aus aller Welt. Im Sommer finden im Museumsgarten Konzerte statt, Ende August zeigen die Instrumentenbauer bei einem Handwerkertag ihre Künste. Markneukirchen ist heute noch eine bekannte Hochburg des Instrumentenbaus. In weit mehr als 100 vornehmlich handwerklichen Betrieben werden fast alle Arten von Orchesterinstrumenten hergestellt. Nach vorheriger Anmeldung lassen sich die Meister gern bei der Arbeit über die Schulter schauen. Und ein Besuch bei einem Geigen-, Gitarren- oder Lautenbaumeister lohnt sich immer.

➤ Öffnungszeiten: April bis Oktober: Dienstag bis Sonntag, 9 bis 17 Uhr; November bis März: Dienstag bis Sonntag, 10 bis 16 Uhr.

■ Information: **Musikinstrumenten-Museum Markneukrichen** Bienengarten 2, 08258 Markneukirchen, ✆ 037422/20 18, www.markneukirchen.de

Im Klingenthaler **Musik- und Wintersportmuseum** sind Zeugnisse der bedeutenden Tradition des Akkordeon- und Mundharmonikabaus sowie des Wintersports zu sehen. In der Stadt lebten und trainierten Olympiasieger und Weltmeister der nordischen Wintersportarten. Die Namensliste reicht von der Langläuferin Barbara Petzold über die Skispringer Harry Glaß, Klaus Ostwald und Mathias Buse bis zu den bei der Olympiade 2002 in Salt Lake City mit einer Silbermedaille heimgekehrten Marcel Höhlig und Björn Kircheisen.

➤ Öffnungszeiten: Dienstag bis Freitag, 10 bis 16 Uhr; Wochenende und Feiertage 11 bis 16 Uhr.

■ Information: **Musik- und Wintersportmuseum** Schloßstraße 3, 08248 Klingenthal, ✆ 037467/6 48 30, www.klingenthal.de

Den Abschluss eines den Musikinstrumenten gewidmeten Tages könnte ein Abstecher in die **Musikwerkausstellung** im Markneukirchener Ortsteil Wohlhausen bilden. In seinem Haus hat Wolfgang Hüttel eine etwa 100 Stücke umfassende Sammlung mechanischer Musikinstrumente aus ganz Europa zusammengetragen. Alle Stücke – vom ohrenbetäubenden Orchestrion vom Rummelplatz bis zur trällernden Singvogeldose – sind funktionstüchtig, was Wolfgang Hüttel den Besuchern gern beweist.

➤ Öffnungszeiten: Täglich 9 bis 18 Uhr.

■ Information: **Hüttels Musikwerkausstellung**, Hauptstraße 10, 08258 Wohlhausen, ✆ 037422/20 69

Ein Blick zu den Sternen können die Gäste im Vogtland an zwei Orten riskieren. In der Stadt Rodewisch lädt die **Sternwarte** mehrmals in der Woche zu öffentlichen Vorführungen und Beobachtungen ein. Den traditionellen Schwerpunkt der 1950 gegründeten Einrichtung bildet die Satellitenbeobachtung. Diese Arbeit hat das Profil des Hauses über Jahre geprägt. Außerdem hat sich die Sternwarte als ein Zentrum für den Astro-Tourismus etabliert, weil im Planetarium ständig der aktuelle Sternenhimmel über dem Vogtland zu sehen ist. Führungen dauern etwa eine Stunde. Danach werden astronomische Themen in Vorträgen behandelt. Alle Vorführungen sind auch bei schlechtem Wetter möglich.

➤ Öffentliche Führungen: Mittwoch, 14.30 Uhr, Freitag, 19 Uhr, Sonntag, 10.30 und 14.30 Uhr.
Himmelsbeobachtungen: Ab Ende September/Anfang Oktober bis März bei klarem Wetter freitags ab 20 Uhr
■ Information: **Sternwarte Rodewisch,** Rützengrüner Straße 41A, 08228 Rodewisch,
✆ 03744/3 23 13,
www.sternwarte-rodewisch.de

Den Traum vom Flug zu den Sternen erfüllte sich am 26. August 1978 ein Vogtländer, dem der Ort Morgenröthe-Rautenkranz nun die **Deutsche Raumfahrtausstellung** zu verdanken hat. An jenem Tag startete der in dem Ort geborene Sigmund Jähn als erster Deutscher ins All. 1979 wurde zu seinen Ehren das Museum eröffnet. Widmete sich die Ausstellung zuerst ausschließlich dem Weltraumprogramm der Sowjetunion, wandelte sich die Schau nach 1989. Heute geben hunderte Exponate vom Raumanzug bis zur Weltraumkost einen Einblick ins Leben und Arbeiten der Astronauten und Kosmonauten im All. Geschenke aus Russland und den USA trugen wesentlich dazu bei, dass der Ausstellungskomplex einen realistischen Einblick ermöglicht.

➤ Öffnungszeiten: Dienstag bis Sonntag, 10 bis 17 Uhr, letzter Einlass 16.30 Uhr. An Feiertagen und in den Ferien auch montags geöffnet.
■ Information: **Deutsche Raumfahrtausstellung**, Bahnhof 8, 08262 Morgenröthe-Rautenkranz,
✆ 037465/25 38,
www.morgenroethe-rautenkranz.de

Instrumentenbauer im oberen Vogtland

Deutsche Raumfahrtausstellung in Morgenröthe-Rautenkranz

Aber auch unter der Erde kann man sich im Vogtland an mehreren Orten umschauen. Während Gäste im Alaunbergwerk „Ewiges Leben" in Plauen, im Alaunwerk Mühlwand und im Besucherbergwerk „Grube Tannenberg" im Tannenbergsthaler Ortsteil Schneckenstein die Geschichte des Bergbaus in verschiedenen Epochen nachempfinden können, erwartet sie in Syrau eine **Tropfsteinhöhle**. Die Höhle wurde bei Steinbrucharbeiten am 14. März 1928 zufällig entdeckt. Bruchmeister Ludwig Undeutsch rutschte ein Meißel in eine Spalte. Von den 550 Meter langen Gängen sind etwa 350 Meter touristisch erschlossen. Den Besucher erwarten bei dem 40-minütigen geführten Rundgang kristallklare Seen und bizarre Formen steinerner Ablagerungen. Die schönsten Tropfsteingebilde sind das „Elefantenohr" und der „versteinerte Wasserfall". In einem 40 Meter langen Raum hängen die Tropfstein-„Gardinen". Die mit ihrem Faltenwurf an eine echte Gardine erinnernde Formation hängt frei bis zu einem Meter herab. Das Alter der Syrauer Tropfsteine wird auf etwa 10.000 Jahre geschätzt.

➤ Öffnungszeiten Mai bis Oktober 9.30 bis 17 Uhr, November bis April 10 bis 16 Uhr, vom 1. bis 26. Dezember und am 1. Januar auf Anfrage geöffnet.

■ Information: **Drachenhöhle Syrau,** Höhlenberg 10, 085548 Syrau, ✆ 037431/37 35, www.drachenhoele.de

Eine weitere Sehendswürdigkeit in Syrau ist eine **Turmholländer-Windmühle**, die einzige erhalten gebliebene von einst 31 Windmühlen im Vogtland.

Ins Reich der Erdgeister werden Touristen bei der **„Grube Tannenberg"** in Schneckenstein entführt. Dort wurde Zinnstein abgebaut, aus dem später Zinn gewonnen wurde. Das etwa 600 Meter lange Gangerzbergwerk bietet zwei Besonderheiten: Es vermittelt einen Überblick vom mittelalterlichen Stollenerzbergwerk im 15. Jahrhundert bis zum Bergbau in der Neuzeit – die Grube wurde 1964 geschlossen. Außerdem befindet sich dort einer der größten Abbauhohlräume des Freistaates Sachsen. Er ist 50 Meter hoch, 30 Meter breit und 60 Meter lang.

➤ Führungen: Dienstag bis Freitag 10, 11.30, 13 und 14.30 Uhr, Samstage/Sonntage/Feiertage: 10, 11.30, 13, 14.30 und 15.30 Uhr.

■ Information: **Besucherbergwerk „Grube Tannenberg",** Zum Schneckenstein 44, 08262 Tannenbergstahl, Ortsteil Schneckenstein, ✆ 037465/ 4 19 93, www.schneckenstein.de

Das **Alaunbergwerk Mühlwand** war von 1691 bis 1827 in Betrieb. Danach geriet es fast in Vergessenheit. Erst als das Wasser nach einem Unwetter 1954 die Stollen aufbrach, erinnerte man sich daran. Nachdem ein geplanter Talsperrenbau Untersuchungen zunächst verhinderte, wurden die Stollen ab 1994 nochmals erkundet. Das Bergwerk vermittelt ein Bild vom Bergbau im 19. Jahrhundert; es wurde nach seiner Schließung über 100 Jahre nicht betreten. In dieser Ruhezeit überzogen farbige Tropfsteine Decken, Wände und die Verzimmerung.

➤ Öffnungszeiten: Samstag und Sonntag: 13 bis 16 Uhr, letzte Führung ab 15.30 Uhr. Auf Vorbestellungen sind auch an den Wochentagen Führungen möglich.

■ Information: **Alaunwerk Mühlwand**, Mühlwand, 08468 Reichenbach, ✆ 03765/52 18 98, 03765/1 39 86, 0170/2 42 76 04, www.alaunwerk.de

In Deutschland gibt es etwa 160 Landschaften, die den Begriff Schweiz als einen Bestandteil im Namen tragen. Eine davon ist die **Vogtländische Schweiz**. Der Namen bezeichnet heute das landschaftlich außerordentlich reizvolle Gebiet des Elster- und Triebtales samt der Talsperre Pöhl. Wanderfreunde können sowohl die relativ flachen Wege neben den Flussläufen erkunden, als auch an den steilen Hängen aus den Tälern heraussteigen.

Sehenswerte Bauwerke sind der 1648 erbaute Lochbauerhof, die Ruine der bis 1742 bewohnten **Burg Liebau** und die **Elstertalbrücke**. In Liebau wird jedes Jahr Ende Juni das Ruinenfest gefeiert. Sehenswert ist auch die kleine Schwester der Göltzschtalbrücke. Die Elstertalbrücke ist immerhin 279 Meter lang und 68 Meter hoch. Für sie wurden zwölf Millionen Ziegel

Tropfsteine in der Drachenhöhle Syrau

verbaut. Kurz vor Kriegsende 1945 zerstört, musste eine Stahlkonstruktion herhalten, bis die Brücke 1950 rekonstruiert war. Wer sich einen Überblick über das Gebiet verschaffen möchte, sollte den 1897 auf dem Eisenberg erbauten Turm, der heute den Namen des Vogtlanddichters Julius Mosen trägt, erklimmen. Von dort hat man eine sehr gute Sicht auf große Teile der knapp sechs Kilometer langen **Talsperre Pöhl**. Das „vogtländische Meer" wurde zwischen 1958 und 1964 als Brauchwassertalsperre angelegt und dient bis heute mit einem Einzugsgebiet bis Chemnitz, Gera und Hof als einmaliges Naherholungsgebiet. Die Schönheiten des Vogtlandmeeres können Gäste bei einer Fahrt auf einem der jeweils etwa 140 Passagiere fassenden Schiffe „Pöhl" und „Plauen" erschließen. Fahrten sind zwischen Ende März und Ende Oktober möglich. In der gleichen Zeit ist der Campingplatz am Gunzenberg geöffnet.

Die Elstertalbrücke

■ Information: Zweckverband **Talsperre Pöhl**, Hauptstraße 51, 08543 Pöhl/ Ortsteil Möschwitz, ℂ 037439/45 00; Anlegestelle der Fahrgastschiffe: 0374439/63 72; Rezeption **Campingplatz Gunzenberg** 08543 Pöhl, ℂ 037439/63 93. www.poehl.de

Für Plauen- und Vogtland-Besucher gehört ein Abstecher zur **Göltzschtalbrücke** zum Pflichtprogramm. Immerhin handelt es sich dabei um die weltgrößte Ziegelbrücke. Zwischen 1846 und 1851 wurden in der Brücke 26 Millionen Backsteine verbaut. 23.000 Baumstämme stützten das Bauwerk, bis es mit 78 Metern Höhe und 574 Metern Länge vollendet war. Mit dem tiefsten Fundament ist die Brücke 21 Meter im Boden verwurzelt. Man kann sich die Brücke auch aus einer ganz besonderen Perspektive ansehen: aus dem Gasfesselballon. Führungen Göltzschtalbrücke: ℂ 0172/271 61 52.

Ein Ausflug ins nördliche Vogtland kann klassisch, aber auch modern ausklingen. In **Mylau** steht die vermutlich am besten erhaltene **Burg** des sächsischen Vogtlands. In der um 1180 errichteten Anlage sind Ausstellungen zu Göltzsch- und Elstertalbrücke, die größte Naturkundesammlung des Vogtlands und zur Burggeschichte zu sehen.
➤ Öffnungszeiten: Februar bis Oktober, Dienstag bis Sonntag, 10 bis 17 Uhr, letzter Einlass 16.30 Uhr; November bis Januar nur an den Wochenenden geöffnet.
■ Information: **Burg Mylau**, Burg 1, 08499 Mylau, ℂ 03765/3 42 47, www.mylau.de, www.fvv-noerdliches-vogtland.de

In eine bunte Märchenwelt entführt der **Märchen- und Erlebnispark Forellenhof Plohn** große und kleine Gäste. Während die Kinder in der Märchenwelt Episoden aus „Hänsel

Burg Mylau beherbergt mehrere Ausstellungen

und Gretel" und „Frau Holle" erwarten, stehen an anderen Stellen feuerspeiende Drachen. Eine Floßfahrt lädt zum Ausflug ins Dinoland ein. Außerdem können sich die Freunde des Wilden Westens per Bahn in die Welt von Winnetou und Old Shatterhand begeben. Zur Abkühlung lädt an warmen Tagen die 420 Meter lange Wildwasserbahn ein.

➤ Öffnungszeiten: von Ende März bis Ende Oktober täglich, 9 bis 18 Uhr, letzter Einlass 16.30 Uhr

■ Information: **Freizeitpark Forellenhof Plohn**, Rodewischer Straße 21, 085485 Lengenfeld, Ortsteil Plohn, ✆ 037606/3 41 63, www.erlebnispark-forellenhof.de

Tiere stehen vor allem bei Kindern hoch im Kurs. Der **Tiergarten in Falkenstein** wird derzeit umgebaut, kann aber trotzdem besucht werden.

➤ Öffnungszeiten: Mai bis September von 10 bis 19 Uhr, Oktober bis April von 10 bis 17 Uhr.

■ Information: **Tiergarten Falkenstein**, Allee 9, 08223 Falkenstein, ✆ 03744/54 21.

Einen **Tierpark** gibt es auch in **Klingenthal**. Zu den 235 dort gehaltenen Tierarten zählen zwei Grizzlybären-Damen, Leoparden, Affen, verschiedene Huftiere und Wölfe, die in einem großen Gehege leben.

➤ Öffnungszeiten: täglich von 9 bis 18 Uhr (im Winterhalbjahr bis zum Einbruch der Dunkelheit).

■ Information: **Tierpark Klingenthal**, Amtsberg 22, 08248 Klingenthal, ✆ 037467/2 23 97, www.klingenthal.de

Die Berliner Mauer war sprichwörtlich und 28 Jahre lang traurige Realität. Das Schicksal teilte der Ort Mödlareuth, heute an der Grenze der Freistaaten Thüringen und Bayern gelegen: Eine Mauer trennte das Dorf seit 1966. Diesem laut DDR-Terminologie „antifaschistischen Schutzwall" verdankte Mödlareuth seinen Spitznamen: Little Berlin. Heute ist der Ort immer noch durch eine Mauer getrennt. Allerdings kann man von Bayern nach Thüringen und umgekehrt wechseln, ohne um sein Leben fürchten zu müssen. Die Grenzanlage von Mödlareuth wurde zum Museum umgestaltet, das dem Besucher ein fast schon beklemmend reelles Bild vom Leben an der innerdeutschen Grenze vermittelt.

➤ Öffnungszeiten: April bis Oktober 9 bis 18 Uhr und November bis März 10 bis 17 Uhr

■ Information: **Deutsch-Deutsches Museum, Mödlareuth** Nr. 13, 95183 Töpen-Mödlareuth, ✆ 09295/13 34, www.Moedlareuth.de

Der relativ schlichten Fassade von **Schloss Burgk** an der Saale sieht man nicht an, welche Pracht das Bauwerk in sich birgt. Die Besucher erwartet in dem etwa 30 Kilometer von Plauen entfernten Schloss ein kostbarer Bestand hochwertiger Ausstellungsstücke in zum Großteil barocken Prunk- und Schauräumen. Auch die spätmittelalterlichen Wehranlagen sind ein Besuchermagnet. Das 1952 eröffnete Museum zählt heute zu den wichtigsten Kultureinrichtungen im Osten Thüringens. Hervorhebenswert sind der größte Küchenkamin Deutschlands, ein Prunk-

schlafzimmer mit prachtvoller Ausstattung und die wertvoll ausstaffierte Schlosskapelle, in der eine Silbermann-orgel steht. Neben der Schau zum Alltag des Schlosslebens beherbergt die Anlage drei Spezialsammlungen, die sich mit Büchern befassen. Neben einer Reihe von Sonderausstellungen finden in Burgk Konzerte, Lesungen und Puppentheater-Vorführungen statt. Nicht zuletzt ist das malerisch am Ufer der Saale gelegene, 1365 erstmals erwähnte Schloss auch ein hervorragender Ausgangspunkt für Wanderungen.

➤ Öffnungszeiten: Dienstag bis Sonntag: 10 bis 17 Uhr. Vom 1. November bis 31. März: Dienstag bis Freitag 10 bis 16 Uhr und Samstag sowie Sonntag: 12 bis 17 Uhr.

■ Information: **Museum Schloss Burgk**, 07907 Burgk/Saale, ✆ 03663/40 01 19 oder ✆ 40 28 21, www.schloss-burgk.de

Wissenswertes über die Geschichte des europäischen Porzellans und seiner Herstellung erfährt man im **Deutschen Porzellanmuseum** Selb. Immerhin hatten und haben in der Stadt die umsatzstärksten Marktführer der europäischen Geschirrporzellan-Industrie ihren Firmensitz. Die 1978 gegründete Einrichtung gliedert sich in zwei Teile: Das Porzellanmuseum in Hohenberg und das Europäische Industriemuseum in Selb. Das Museum in Hohenberg widmet sich Porzellanprodukten, Design und Kunst des 19. und 20. Jahrhunderts. Die Schau in Selb gibt Auskunft über die Technik der Porzellanindustrie.

➤ Öffnungszeiten Hohenberg: Dienstag bis Sonntag, 10 bis 17 Uhr. Information: **Deutsches Porzellanmuseum Hohenberg**, Freundschaft 2, 95691 Hohenberg an der Eger, ✆ 09233/7 72 20, www.dt-porzellanmuseum.de

➤ Öffnungszeiten Selb: Anfang April bis Ende Oktober: Dienstag bis

Museum Mödlareuth

Sonntag, 10 bis 17 Uhr. Im Winter Führungen nach Anmeldung.

■ Information: **Europäisches Indus-triemuseum**, Bahnhofstraße 3, 95100 Selb-Plößberg, ☎ 09287/918000, www.dt-porzellanmuseum.de

Wundern Sie sich nicht, wenn Sie in **Karlovy Vary/Karlsbad** statt Tsche-chisch plötzlich Russisch hören und an den Litfass-Säulen kyrillische Schriftzeichen auftauchen: Karlsbad ist wieder in russischer Hand. Schon Ende des 19. Jahrhunderts war der Kurort beim russischen Adel sehr beliebt. Und dass das Kaiserbad wie-der in altem Glanz erstrahlt, ist auch Investoren aus Russland zu verdan-ken. Zwölf warme Quellen sprudeln im Kurbad und sollen Linderung bei Magen- und Darmleiden verschaffen. Ein Spaziergang durch die Sprudel-kolonnade gehört ebenso zu einem Besuch wie Karlsbader Oblaten und Karlsbader Becherbitter (Becherov-ka). Bekannt ist Karlovy Vary aber nicht bei Kurgästen, sondern auch bei Cineasten. Alljährlich findet Anfang Juli das Internationale Filmfest statt. Wen weniger die bewegten Bilder, dafür aber die Geschichte des Be-cherovka interessiert, der besucht am besten das Jan-Becher-Museum, T.G. Masaryka 57, 36001 Karlovy Vary, geöffnet Montag bis Sonntag von 9 bis 17 Uhr.

■ Information: **Infocentrum im Busbahnhof,** Západní ulice, 360 01 Karlovy Vary, ☎ 00420-17-39 13 555, E-Mail: infocentrum.kv@volny.cz

sowie **Infocentrum im Zentrum der Stadt**, Lázenská 1, 360 01 Karlovy Vary, ☎ 00420/17/323 63 77, E-mail: info-centrum.ops@email.cz

Auch **Cheb/Eger** ist einen Ausflug wert. Kaiser Barbarossa, Wallen-stein, Goethe, Schiller – ihnen allen begegnet man auf dem mittelalterli-chen Marktplatz. Markantestes und vielleicht ältestes Baudenkmal ist der Spalícek (deutsch Stöckl), ein Kom-plex aus elf Häusern, der im 13. Jahr-hundert entstand und von jüdischen Krämern bewohnt wurde. Ein paar Schritte entfernt vom Spalicek steht das Pachelbelhaus. Am 25. Februar 1634 wurde im ersten Stock dieses Patrizierhauses Feldmarschall Al-brecht von Wallenstein im Auftrag von Kaiser Ferdinand ermordet. Heute beherbergt das Haus das Stadtmuseum. Mittelalterlich wird es im Sommer in der Cheber Burg mit dem schwarzen Turm, wenn Schauspieler Ritterrüstungen anle-gen und Turniere ausfechten. Aber nicht nur für historisch Interessierte lohnt sich ein Ausflug nach Cheb. Alljährlich im Herbst zieht die Stadt zum Jazz-Jam-Festival Musikliebha-ber in ihren Bann.

■ Information: **Námestí Jirího z Podebrad** 33, 35001 Cheb, ☎ 00420/ 166/42 27 05, Internet: www.mesto-cheb.cz

„Und wenn der Mensch in seiner Qual verstummt / gab mir ein Gott zu sagen, was ich leide" – vielleicht hatte der alte Goethe in **Marienbad/Mariánské Lázne** ja zu viel des guten Wassers vom Ambrosiusbunnnen, der Quelle der Liebe, getrunken, als er mit 74 Jahren für die 19-jährige Ulrike von Levetzow entflammte. Der Dichter bekam einen Korb, hinterließ aber eines seiner schöns-ten Gedichte: die „Marienbader Elegie". Auch heute findet sicher so manches Stelldichein an der Liebesquelle statt. Doch das jüngste der drei berühmten westböhmischen Bäder setzt weniger auf Romantik, sondern vielmehr auf ein zahlungskräftiges, mondänes Pub-likum, das sich auf dem Golfplatz und im Casino tummelt.

■ Information: **Infocentrum Ma-riánské Lázne**, Hlavní 47, 353 01 Ma-riánské Lázne, ☎ 00420/165/62 24 74, Internet: www.marienbad.cz

Nur fünf Kilometer von Cheb entfernt liegt zwischen Böhmerwald, Fichtelgebirge und Erzgebirge das kleinste der drei Kurbäder: **Frantiskovy Lázne/Franzensbad**. Der Reiz des eher verschlafen anmutenden Städtchens liegt in dem fast einheitlichen Ensemble klassizistischer Kurgebäude inmitten schöner Parkanlagen.

■ Information: **Infocentrum Franiskovy Lázne**, im Haus Tri lilie (Drei Lilien), Národní trída 3, 351 01 Frantiskovy Lázne, ✆ 00420/ 166/54 24 30, www.franzensbad.cz

Sport und Spiel

Durch seine Landschaft ist das Vogtland prädestiniert für Freiluftsportarten: Auf den gut ausgeschilderten Wegen kann man sich die Region erwandern oder erradeln. Es gibt Touren aller Schwierigkeitsgrade. Die Fremdenverkehrsämter beraten gern – dort gibt es auch spezielle Karten für Rad- und Wandertouren.

Im Winter kommen vor allem die Freunde des Skilanglaufs auf ihre Kosten. In der Stadt Schöneck – ob der einmaligen Aussicht auch als Balkon des Vogtlands bezeichnet – beginnt der etwa 200 Kilometer lange Kammweg. Diese zum großen Teil direkt an der Grenze zu Tschechien entlangführende Skimagistrale mit Übergängen ins Nachbarland endet im Osterzgebirge. Die Loipe ist genauso wie das 40 Kilometer lange Loipennetz um Schöneck bei entsprechender Schneelage immer gut präpariert. Auf der an geschützten Waldlagen entlang führenden Strecke, die etwa in 800 Metern Höhe liegt, können Langläufer oft bis nach Ostern Wintersport betreiben. Wem an den Wochenenden auf dem Kamm, um Schöneck sowie bei Klingenthal und Mühlleithen zu viel Betrieb ist, der kann sich die Reize der

vogtländischen Winterlandschaften in den Loipen um Zwota und Erlbach sowie zwischen Grünbach, Grünheide und Morgenröthe-Rautenkranz erschließen. Die Loipen befinden sich (natürlich witterungsabhängig) in sehr gutem Zustand. Außerdem sind sowohl die jeweiligen Rundkurse als auch die Anschlüsse zur Kammloipe oder zu benachbarten Loipen hervorragend ausgeschildert.

In den Höhenlagen des oberen Vogtlands finden aber auch die Freunde des alpinen Skifahrens Möglichkeiten, sich zu betätigen. Die anspruchsvollste und zugleich längste Piste ist knapp 600 Meter lang – in Klingenthal am Aschberg (Sternlift). In der Stadt und der Umgebung gibt es noch drei zwischen 200 und 400 Meter lange Pisten: am Skilift Mühlleithen, Skilift Jägerstraße und am Skilift Schneckenstein.

■ Information: Auskunft über Schneelage, Flutlicht-Skitage sowie Betriebszeiten der Kunsteisbahn in Klingenthal gibt es am Schneetelefon unter ✆ 037467/2 24 94 und in der Klingenthaler Tourist-Information: ✆ 037467/6 48 32.

An mehreren leichten Pisten können sich Skifahrer in Schöneck schaffen. Eine 150 Meter lange Abfahrt wird künstlich beschneit, und es gibt Flutlicht-Skifahren.

■ Information: Tourismusbüro Schöneck: ✆ 037464/8 89 10, Schneetelefon: 037464/8 20 00)

Skilifte gibt es außerdem in Erlbach (mittelschwer, Schneetelefon: 037422/ 61 25 oder Fremdenverkehrsamt 62 25) und Grünbach (mittelschwer, Schneetelefon: 0174/4 77 61 42). (lh/bs)

Skivergnügen am
kleinen Lift in Schöneck

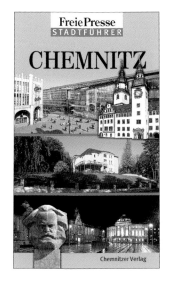
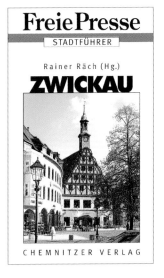

Impressum

Redaktionsschluss: 6. Juli 2002
Alle Daten wurden sorgfältig recherchiert.
Für Vollständigkeit und Richtigkeit
kann dennoch keine Gewähr übernommen werden.

© Chemnitzer Verlag
1. Auflage 2002

Gestaltung: Birgit Eichler
Karten: Ariane Bühner
Satz: Miriquidi Satzstudio Niederfrohna
Belichtung: type GmbH Chemnitz
Gesamtherstellung: Westermann Druck Zwickau GmbH
ISBN 3-928678-72-8

Fotonachweis

Titelbild und Rücktitel: Andreas Wetzel
Ellen Liebner: S. 12, 13 (beides Repros Stadtarchiv Plauen), 14/15, 69, 70, 72, 80
(unten), 83 (oben), 84, 85, 86, 87, 88, 89, 91, 92
Andreas Wetzel: erste Innenseite, S. 2/3, 6, 17, 18, 19, 20, 21, 22, 25, 26, 27, 29,
30, 37, 47, 49, 57, 59, 60, 61, 62, 63, 65, 73, 75, 80 (oben)
Markus Schneider: S. 35, 36, 38, 41, 42, 43, 44, 50,
Jörg Böhm: S. 4, 23, 31, 51, 77,
Stadtarchiv Plauen: S. 9, 11
Peter Awtukowitsch: S. 32 (2)
Werner Schenke: S. 16, 53, 55, 56, 71, 76,
Lutz Hergert: S. 24, 82, 83 (unten), 90, 94
Michael Goll: S. 66
Wolfgang Schmidt: S. 47